Sheという生き方

編著
嶋守さやか
廣田貴子

新評論

はじめに

読者のみなさま、こんにちは。このたび、『Sheという生き方』という本を執筆する嶋守さやかと廣田貴子です（「徹子の部屋」みたいな挨拶ですね☆）。タイトルどおり、この本は現代の女性の生き方がテーマとなっています。読もうとされているみなさんは、今、「どうしたら、私は幸せになれるのだろうか？」と考えていると思います。

ただ一つ、この本でみなさんに強く示したいことがあります。それはどんな時代や世代に生きようと、「女である」ということに幸せを見いだしていくのだ、という決意です。その決意のもと、私たちはこの本を書きました。時代や世代がどうあろうとも、「女であることには必ず幸せがある」と、私たちは信じて疑いません。しかし、それにはただ一つ条件があると考えています。

それは、考えなければ女は幸せになれないということです。

女として生まれれば、結婚して出産することが当然である、とこれまで考えられてきました。しかし、現在においては、男や時代、世代や運命、はたまた結婚という制度にすがり、それらに頼りきっているだけでは幸せになんて絶対になれません。誰かに、もしくは何かに、幸せに「してもらえる」などということは、到底ありえないという時代になっています。

「幸せ」のために「考えるべきこと」——確かに、考えることは面倒なことかもしれません。あえて言うならば、「自分にとっての幸せとは何か?」「その幸せを獲得するために、今できることは何か?」「自分一人が幸せならば本当に幸せか? 一緒に幸せになりたい大事な誰かと幸せになりたくないか?」「自分と大事な誰かが幸せになるために何ができるのか?」「そのために、今の自分はいったい何をしたいのか?」といったところでしょうか。

この本では、二〇一六年現在において四五~五〇歳になる女性の生き方を取り上げていきます。書いている私たちは、出版をする年には四五歳になります。まさに、R40(アラフォー)です。そんな年代を生きる私たちの「現代社会の女性問題」としてよく語られることは、仕事のキャリアや晩婚化、晩産化、不妊治療や出生前診断、高齢出産、ダウン症児などの障害児の子育てといったところです。事実、私の周りの女性たちはそうした問題とともに生き、生活しています。

まずは、共編著者である廣田貴子さんのキャリア形成から考える「自分のきほん」、次に障害のあるゆうき君を育てるゆか子さんの生き方から考える「親子のきほん」、そして最後に、不妊治療に取り組んできた玲子さんの生き方から「夫婦のきほん」といったことを示していきたいと思います。

二〇一六年前半のＮＨＫの朝ドラは『とと姉ちゃん』と言って、『暮らしの手帖』を創刊した女性の物語ですよね。『暮らしの手帖』の編集長を長年にわたって務めていた方に松浦弥太郎さんがいらっしゃいます。その松浦さんが上梓した『しごとのきほん　くらしのきほん100』（マガジンハウス、二〇一六年）の最後に「あなたのきほん」というページがあって、自分の「きほん」としての大切なことを一〇〇個書き込めるようになっています。松浦さんは言います。

「きほんがいつも、自分を助けてくれる」

この本の第２・３章を執筆した廣田さんにしても、第Ⅱ部で取り上げたゆか子さん、第Ⅲ部で取り上げた玲子さんにしても、頭で考えている以上に、心から暮らしを大事にしている「きほん」があります。仕事も夫婦生活も子育ても、本当に、真剣に、そしてていねいに「自分と大事な人の幸せ」を考えています。

そんな素敵なこの三人の「きほん」を読むことが、この本を読んでくださるみなさんの「幸せの手引書」、あるいは「あなたのきほん」を考えることにつながってくれたらいいなと心から願っています。

ただ、社会的な背景などを必要とする場合はちょっと小難しいことかもしれません。可能なかぎり、解説を加えていきたいと思います。その後、それぞれの女性の幸せ、つまりそれぞれの女性の人生の「きほん」について、ていねいに「生きてきた軌跡」を示していきたいと思います。

ここまで、女性に対するメッセージのように書いてきました。しかし私たちは、自分自身が子どもを産んでいようがいまいが、次世代を育成していかなければなりません。他者の喜びや悲しみに対して、きちんと響きあえる感性を備えた人間でありたいし、あらねばなりません。でなければ、生きづらくなるばかりです。ましてや、次世代を担う子どもや若者たちに、「他者ときちんと響きあえる感性」がどうしたら育つのかを、常に考えていなければならないのです。

次世代に私たちが伝えなければならないのは、他者に対して共感できる力――それは、他者の存在や幸福を無視せず、お互いを肯定できる力です。理解しようとしてください。私たちは、誰にとっても優しい社会をともにつくり上げていきたいのです。そのためにも、すべてのみなさんに「幸せのきほん」とは何かを、この本を読むことで考えていただきたいと思います。

嶋守さやか

もくじ

第2章 まずは、ひとりになってみる

——学生時代から「自分のきほん」をつくっていく

第5章

Sheという生き方

第 I 部

自分のきほん

—キャリアウーマン廣田貴子のケース

私と仕事

第1章

働くことから「女性の幸せ」を考える
――一般的に語られる「幸せ」について、まずは整理してみよう

1　この本で「現代女性」をR40（アラフォー）の女性とする理由

現代社会の女性の問題として語られることが多いのは、「その仕事ぶりや晩婚化、それに伴う晩産化、不妊治療や出生前診断、高齢出産、ダウン症児などの障害児の子育て」と、「はじめに」で書きました。これらの問題は、R40問題として現在、相当喧《かまびす》しく語られています。そう、晩婚化や晩産化は「女性の幸せ」とともに語られることがとても多いのです。

ですから、「女性の幸せ」について研究をしようと思えば、すぐにたくさんの先行文献を探すことができます。そこに描かれている議論は、一九七〇年代生まれの私たちの世代論とほぼイコールであるかのように錯覚するほどR40、そしてその幸せの「格差」について論じられたものがほとんどです。現代社会と女性の「幸福」について考えるためには、どうやら「アラフォー女性論」を確認しなければならないようです。順に、その議論を見ていきましょう。

「ここまで、晩婚化が進んだのは、もとを正せば今のアラフォー世代からなのかもしれない」と「女の欲望ラボ」を主宰する山本貴代さん(1)は言っています。

そもそも、アラフォーとは、どんな時代を生きる、どのような世代の人間なのでしょうか？

山本さんは『女子と出産――晩産化時代を、どう生きる？』（日本経済新聞社、二〇一〇年）という著書のなかで、「アラフォー世代」を「バブル×男女雇用機会均等法の先頭組が、現在、一九八七年入社で二〇一〇年に四六歳になる」（七〇ページ）人間であると示しています。よって、山本さんの言う「アラフォー」は、二〇一六年現在では五二歳。バブル期まっただ中に新入社しているため、「バブル世代」あるいは「均等法世代」と呼ばれる女性たちが山本さんの示すアラフォーとなります。

また、一般論としての「女性の幸せ」についての特集記事を、一九九八年から現在まで組み続

（1）静岡県出身。聖心女子大学卒業後、一九八八年に博報堂入社。コピーライターを経て、一九九四～二〇〇九年まで博報堂生活総合研究所上席研究員。その後、博報堂研究開発局上席研究員。二〇〇九年より「女の欲望ラボ」代表。二〇一四年より、アジア女子をネットワークした「亜女子ラボ」も設立し、活動中。著書に『晩嬢という生き方』（プレジデント社）などがある。「女の欲望ラボ」とは、「二〇〇四年の春に結成した、本音の本音を吐き出す東京ＯＬ一〇八人の集団です。会員の年齢は二三歳～四六歳。平均年齢三四歳、未婚率六〇パーセント、勘違い年齢はマイナス五～六歳です」（ホームページより）。

けてきた雑誌『アエラ』でも、「均等法世代であり、バブル世代でもある四〇代は、迷いつつも意識的に幸せを選択してきた」としています。均等法世代、バブル世代にある女性は、「幸せを選択してきた」先駆け的な存在であるかのように読解できる記事にあふれています。

もう少し分かりやすい話からも、ここで言うバブル世代の「アラフォー」について確認しておきましょう。この本を読んでいるみなさんは「美魔女」を知っていますよね？　美魔女は、「四〇代女性をターゲットにした雑誌『美ST《ビスト》』」が、「魔法をかけたように美しいエイジレス女性」に名付けた呼称です。その生みの親でもある編集長の山本さんが次のように言っています。「母や妻などカテゴリーではなく、いつまでも『女』でいたいという意志が、美魔女をつくり出す。女性は選択する性。キャリアを選ぶか専業主婦になるか、出産するかしないか、様々な岐路で、自分がどっちに行ったら幸せかを真剣に考えるから、幸せに貪欲なんだと思います」(2)

「選択する性」である女性の「選択の歴史」は、やはり「一九八六年に始まった。男女雇用機会均等法。日本の女性ははじめて、男性と対等に働くという選択肢を得た」。しかし、それにはとても大きな「代償」があったと、社会学者の水無田気流《みなしたきりう》（一九七〇～）さんは言います。「均等法以降、女性のライフスタイルの選択肢が増えたように見えたが、実は喧伝されるほど華やかな選択肢を選べる人は少ない。選べない人にとっては、選択肢を見せられた分だけ相対的剥奪感が強い。『実』が得られないから『幸せ幻想』に振り回される。特にバブル崩壊後に社会に出た不況世代は不安感が強い」(3)と。

一九七一年生まれである私たちは「団塊ジュニア世代」と呼ばれています。一九九一年のバブル経済の崩壊を、就職氷河期として私たちは経験しました。しかし、ギリギリ私と同年齢で短大卒の女性に関しては、まだ就職活動時には「売り手市場」でした。短大卒と四大卒というそれだけの違いで、女性の生き方における何らかの「差」が生じたと言えそうです。

ところで、私たちが生まれた一九七〇年代は、「幸福感」「幸福度」調査と強く結び付けられて論じられています。

「二〇一一(平成二三)年の内閣府の調査でも、約三〇年前と比べて、物の豊かさを求める人が約一〇%も減じたのに対して、心の豊かさを重視すると答えた人は約一・五倍になった」。それは、「経済成長し続けること＝必ずしも幸福感が高まるということではない」という「イースタリンのパラドクス」であると。そして、「日本でも一九七〇年代以降、ＧＤＰは増えても幸福度

(2)　山本貴代『出産と女子　晩産時代をどう生きる?』日本経済新聞出版社、二〇一〇年、七〇ページ。
(3)　「ＡＥＲＡで読み解く〝幸せ病〟の女たち　女たちは『幸せ』探しで人生を進化させる」『ＡＥＲＡ』二〇一二年七月一六日、三六ページ。同特集号では『ＡＥＲＡ』が一九九八年から二〇一二年まで取り上げてきた女性の生き方についての特集の見出しがすべて並べられており、時代ごとの論じられ方が比較できる。

は高まっていない」というデータが、内閣府の国民生活白書（二〇〇八年）で示されたというのです。(4)

こうした前提から現在に至るまで、さまざまな「幸福」調査結果が示されてきました。そして、同じ結論が何度も繰り返されています。アラフォー女性には、それ以前の世代に比べれば多くの幸せの「選択肢」がある、幸せは何を「選択」するかで決まる、選択が現代社会と女性の「幸福」論の中心である、ようです。

しかし、残念なことに、それらのお話は「議論」と言うには空虚にすぎて、綿菓子のようにふわふわと、まるで現実味がありません。

2　では、女性の「幸福」調査で何が明らかにされているのでしょうか？

男女雇用機会均等法の施行による女性の社会進出を、「幸せ」という言葉とともに議論している方々の一人に豊田尚吾さんがいます。(5)豊田さんは「生活意識から見る男女の違いと主観的幸福度」についてまとめ、女性の社会進出と幸せを次のように語っています。

「よく『社会進出』と言われますが、それがいわゆる市場経済に入ることしか意味しないように理解されがちです。もちろんそれをキャリアとして重視するのもいいし、それぞれの可能性や価値観で判断できるような社会が、幸せな社会につながってくるのでは、と思います」[6]

「それぞれの可能性や価値観で判断できるような社会」が「幸せな社会」であるとされる議論において、現代女性の幸せはどのように語られているのかも確認しておきましょう。

まず、世界的な水準で「女性の幸せ」が日本では語られています。OECD（経済協力開発機構）が公表している二〇一三年のデータによると、世界でもっとも男女間における幸福度の格差が大きいそうです。[7]「男性が外で仕事をして、女性が家庭を守るという、保守的な社会システムにおいて実は男性のほうが女性よりも不幸に陥りやすい」という指摘があります。

では、「女性が家庭を守るという保守的な社会システム」、つまり女性が専業主婦であることと、女性が働くことを比べた場合、どちらが幸せになれるのでしょうか？

『幸せの決まり方――主観的厚生の経済学』（日本経済新聞出版社、二〇一四年）の著者である小塩隆士《おしおたかし》（一九六〇～。一橋大学経済研究所教員）さんは、「専業主婦という生き方が、女性を

（4）草郷孝好・豊田尚吾「対談　なぜ、いま、『幸福感』なのか?:」『CEL』二〇一五年七月、二ページ。
（5）（一九六二～）二〇一五年からノートルダム清心女子大学人間生活学部人間生活学科教授。
（6）草郷孝好・豊田尚吾「対談　なぜ、いま、『幸福感』なのか?:」『CEL』二〇一五年七月、六～七ページ。
（7）鈴木賢志「日本人の価値観　世界と比べてみると　第二五回　男と女はどちらが幸せか　日本女性は幸福度でトップ」『週刊東洋経済』二〇一四年八月九～一六日、一〇四ページ。

表１　有配偶女性の結婚満足度と生活満足度

	結婚に満足している者の比率（％）	生活に満足している者の比率（％）	サンプル数
有配偶女性率	74.6	70.5	2,061
第３号被保険者	76.9	71.7	1,416
うち無業の専業主婦	77.2	72.5	1,249
第１号・第２号被保険者（共働き世帯の妻）	69.1	67.1	595
うち正規雇用者	74.5	73.1	208
うち正規雇用者以外	67.3	65.4	437

出典：小塩隆士「幸せになるための経済学（19）　専業主婦は幸せか」『究』第43号、2014年、７ページ。

はたして『幸せ』にしているのかどうかを実際の統計で確認して」います。小塩さんは、ご自身で行った三〇～六〇歳の男女約六〇〇〇人から回答を得たインターネット調査のうち、分析対象を有配偶者女性二〇六一人に限定して、その結果を示しています（**表1**参照）。

まず、専業主婦の「幸せ」をその満足度から見てみると、専業主婦のうち七七・二パーセントが結婚に満足している。パートで働いている主婦（表の「第三号被保険者」）でも七六・九パーセントであり、共稼ぎ夫婦の妻（第一号・第二号被保険者）の六九・一パーセントに比べるとやや高いと言えます。ところが、共稼ぎ世帯のうち正規雇用者の結婚満足度を見ると、七四・五パーセントと専業主婦とあまり変わらない値を示しています。したがって、「共稼ぎになるから結婚満足度が落ちるというのは不正確な言い方」となります。「結婚満足度が低いのは、むしろ正規雇用者以外の働き方をしている妻」なのです。

また小塩さんは、調査対象者としている女性たちの「生活満足度」についても示しています。調査結果によると、無業の専業主婦のうち七二・五パーセントが生活に満足しています。これに対して、共稼ぎ世帯の妻のうち、生活に満足している人は六七・一パーセントとやや低くなっています。しかし、結婚満足度の結果と同じく、正規雇用の妻の七三・一パーセントが生活に満足しており、専業主婦の生活満足度をやや上回っています。「共稼ぎ世帯の妻の生活満足度が低めになっているのは、正規雇用者以外の形で働いている妻たちの生活満足度が低いことが原因である」と小塩さんは分析しています。

小塩さんの議論をまとめれば、女性の「幸せ」はまず結婚していることとなります。そして、結婚しながら正規雇用者として働くことにある、と言えるようです。

3　これからは、女性が働かなければなりません

ここまで「女性の幸せ」について確認してきましたが、この本を読んでいるみなさんにとって大変重大な問題をここで確認しておきたいと思います。それは、これからの女性からは「専業主婦という選択はどんどん滅んでいくはず」だ、という議論についてです。

この本は、私が担当する大学の授業でも使うつもりです。ですから、この本を主に読んでくれ

ることになるであろう今の女子大生は、ちょうどバブル世代の子どもたちとなります。その「バブル世代の子ども」に対して、ある提言をしている論者がいます。それは、『格付けしあう女たち「女子カースト」の実態』（ポプラ新書、二〇一六年）という本を書かれた白河桃子《しらかわとうこ》さん(8)です。

白河さんによると、バブル世代のママたちは「働く道もあったのですが、『働かないで専業主婦』になることを選択」したために、「子育てしながら働く自分を想像でき」なかったと言います。

しかし、そうしたバブル世代のママたちの子どもたちであるみなさんが、「ここで『働くことが当たり前』という概念を身につけないと、後が大変です」と、白川さんは苦言を提示しています。少し長くなりますが、白河さんが示す、今後の見通しを引用してみましょう。

> 産業構造の変化により、二〇〇七年から「男性不況」が始まり、この六年間サラリーマンのお給料は落ち続けています。今後は年収五百万がサラリーマンの生涯年収のピークになるそうです。
>
> 「団塊ジュニア世代（この本を書いている、一九七〇年代生まれの私達はこのように呼ばれています：筆者）以降は、六～七割が年収五〇〇万円の壁を超えられないでしょう」「生涯賃金は、九〇年代以降右肩下がり（中略）」

経済産業省のデータを見ても、日本は年収が二極化しているのではなく、「年収二百万～

四百万の世帯が増える」貧困化となっています。

今後養ってくれる男性はいない。世帯年収を上げ、子供を育てたいと思ったら、もう共働きするしか道はないのです。

今は共働き世帯が片働き世帯を上回っているとはいえ、それは「年収百万円前後のパート主婦」が増えているだけ。男性も一人では養えないと悲鳴をあげています。婚活しても結婚できないのは、「養ってほしい女性に対し、養える、または養おうとする気のある男性の数が足りない」という、単純な数の問題。

未婚で年収四百万円以上の男性ですら、四人に一人しかいません。

つまり、今後よほどのラッキーに恵まれない限り、今の女子大生達は働き続ける覚悟をするしか、結婚への道もない。

図式化すると以下のようになります。

母親は自分が五歳の時から専業主婦なので、働く自分と子育てする自分が同時期というイメージがない。

↓

(8)（一九六一〜）日本のジャーナリスト。相模女子大学客員教授。

会社に入ると長時間労働で、子育てとの両立はさらに不安。

←子育て期を養ってくれる人を探す。

←年収四百万以上の未婚男性ですら四人に一人。婚活しても結婚できない。

←未婚のまま働き続ける、晩婚または未婚、晩婚で晩産になるとさらに子供が持ちにくい。


すでに現在ですら、専業主婦は「裕福」と「貧乏」に二極化しています。そして今一番裕福なのは専業主婦世帯ではなく「共働き世帯」です。(9)

お断りしたように、引用が長くなりました。白河さんは、「専業主婦を否定するつもりはない」としながら、「今後、豊かで満足な子育てができる専業主婦は『希少な存在』となる」と断言しています。つまり、この本を読んでいる若いみなさんは、結婚してもしなくても、働き続けなければならないということです。今や、結婚して子どもができたら、女性が働かなくても生きていける時代ではないのです。

「女性が働き続けなければならない」現状を、統計上の数値からも確認しておきましょう。国立社会保障・人口問題研究所によって行われている「出生動向基本調査」という調査があります。戦前の一九四〇（昭和五）年に第一回調査以降、五年毎に「出産力調査」の名称で実施されてきました。この調査では、妻の年齢が五〇歳未満の夫婦が調査対象となります。つまり、五〇歳未満の配偶者のいる女性が調査対象とされています。

二〇一〇年に行われた第一四回出生動向基本調査[10]では、子どもを一人以上産んだ妻の就業状態が調査されています。それによると、子どもの追加予定がある夫婦の一九・五パーセントの女性が正規職員、一九・八パーセントがパート・派遣として働いており、自営業などを含め、四三・三パーセントが就業しています。また、子どもを産む予定がない場合、末子が九歳以上になると六五・二パーセントが就業しているとなっています。ここでも、働きながら子育てをする女性の現状を見ることができます。

これからは、結婚して専業主婦になることよりも、働き続ける将来の自画像をリアルにもっていなければなりません。働き続ける自分が、今後は女性自身の「自分のきほん」になっていきま

（9）白河桃子『格付けしあう女たち　「女子カースト」の実態』ポプラ社、二〇一三年、七一～七四ページ。
（10）記載したデータが古いのは、この調査は五年に一回行われるものであるため。次回の公開は二〇一六年秋頃となっている。

す。では、「働き続ける覚悟をする」ということは一体どのようなことなのでしょうか。それを、この本ではみなさんと一緒に考えていきたいのです。

4 まずは、自分の「きほん」をつくりましょう

ちょっと面倒な話が多かったですね。ここで簡単にまとめておきましょう。

まず、結婚していたほうが女性は幸福感が高いということが、先に示した調査結果からも明らかでしたよね。こうした調査結果から導き出される「〝幸福と思え〟という感情コントロールではなく、『幸福を支える要件』に気を配ることが重要である」という結論には、この本を書いている私たちも共感はできます。「〝幸福と思え〟という感情コントロール」だけで幸せになれるわけがないことは明らかだし、「個人の幸福は純粋に、『個人の主観と努力次第』という問題」でもないからです。

調査結果の数値で示される幸せは、一体誰の幸せなんでしょうか。統計数値上の幸せは、少なくとも現実の女性である私からは遠すぎるように思えます。お聞きしますが、みなさんはどんなときに「幸せ〜♪」と思いますか？　統計や研究書に書かれた遠くの幸せよりも、自分を中心の軸にして、少なくとも半径三〇センチ以内、まさに自分の腕のなか、手の届く範囲で感じられな

ければ幸せなんてまったく現実的ではないでしょう、と私は思うのです。

そんなことを考えているときに、『バナナブレッドのプディング』（白泉社文庫、一九九五年）という大島弓子さんのマンガを紹介されました。思考や行動の突飛さから奇人・変人扱いされる子ども以上大人未満の「三浦衣良《いら》」という少女が主人公の物語です。

このマンガがとっても素敵で、どうしても読者のみなさんに伝えたいと思う言葉があります。この本の第2章以降で取り上げていく三人の素敵な女性の話を私がメインにしたいと考えた理由が、この言葉に凝縮されているような気がします。その素敵な言葉を、少し長くなりますが引用してみます。

まだ生まれてもいない赤ちゃんがわたしにいうのです
男に生まれたほうが生きやすいか
女に生まれたほうが生きやすいかと
わたしはどっちも同じように
生きやすいことはないと答えると

おなかにいるだけでもこんなに孤独なのに
生まれてからはどうなるんでしょう
生まれるのがこわい
これ以上ひとりぼっちはいやだというのです

わたしはいいました
「まあ生まれてきてごらんなさい」と
「最高に素晴らしいことが待ってるから」と

朝起きて考えてみました
わたしが答えた「最高の素晴らしさ」ってなんなのだろう
わたし自身もまだお目にかかってはいないのに
ほんとうになんなのでしょう
わたしは自信たっぷりに子どもに答えていたんです(11)

この言葉のなかでみなさんに注目してもらいたいことは、「まあ生まれてきてごらんなさい」、「最高に素晴らしいことが待ってるから」という言葉に続く、「（前略）なんなのだろう」、「わたし自身もまだお目にかかってはいないのに」という言葉です。今よりもさらに最高に素晴らしい「まだお目にかかってはいない」ものがあると、自信たっぷりにこの言葉は言っているようです。少なくとも、この本を書いている私たちはそのように解釈したいと思います。

私たちは、毎日、生きています。カラダなんてどうなってもいいくらいに楽しくて、没頭してしまう仕事があったり、心底惚れ抜いているパートナーに「愛しているよ」と言って抱きしめてもらえる毎日があったり、温かくてぷにゅぷにゅで、可愛くて仕方がない赤ちゃんや子どもたちを抱きしめて頬ずりしたり、海外旅行に出掛けて見たこともないような絶景にため息をついたり、美容院でとっても似合う髪型に仕上げてもらったり、ネイルが思いのほか美しく仕上がったり、家族や友人と過ごすかけがえのない時間があったり……と、さまざまな日々を送っています。

数え上げたらキリがないくらい、毎日を生きている私たちには「最高に素晴らしいこと」が次々と起こっています。どれもこれも統計数値には現れませんが、間違いなく自分の半径三〇センチ以内で起こり続けている幸せです。そして、生き続けさえすれば、「まだお目にかかっても

（11）大島弓子『バナナブレッドのプディング』白泉社文庫、一九九五年、二〇四〜二〇六ページ。改行は改変。

いない」さらなる幸せがきっとあるのです。

この本では、そうした「半径三〇センチ以内の幸せ」にとことんこだわって、女性が自分でつくり上げる「Sheという生き方」を示してみたいと思います。

最初は「自分のきほん」をつくってきた廣田貴子さんのお話です。第2章と第3章で掲載しますが、廣田さんが書いてくれた文章に嶋守が解説を加えていきます。二番目は、障害のある「ゆうき君」を育てるゆか子さんの「親子のきほん」のお話です。そして最後は、不妊治療を通して夫婦という最高の、人としての関係をつくり上げた玲子さんの「夫婦のきほん」のお話です。三人のお話はとても幸せな内容なので、きっと読者のみなさんはステキなため息をつくことになるでしょう。

読後、「女として生きるって、悪くないじゃない?」とか「人として生きるうえで大事にしたいことは、こういうことなんだな」と思ったり、考える際のきっかけにつながってくれればうれしいです。難しい話はここでおしまい。まずは、廣田さんの「自分のきほん」のつくり方から楽しんでください。

第2章

まずは、ひとりになってみる

——学生時代から「自分のきほん」をつくっていく

女性が自分らしく生きるということを意味する「Sheという生き方」の最初のエピソードは、廣田貴子さんのお話です。廣田さんは、高校からアメリカに留学し、アメリカの大学を卒業して就職し、帰国して再就職をしたという経歴のもち主です。そんな廣田さんのエピソードで考えて欲しいことは、「まずは、ひとりでも平気でいられる自分をつくる」ということです。

女の子はとくに、買い物にしてもご飯を食べるにしても、友達と一緒にしていないと不安なところがありますよね。私が勤めている大学でも、就職試験のために私がいない研究室で友達同士勉強して、就職していくという学生がいます。大したものだなぁー、一緒に頑張ってくれる友達がたくさんいて羨ましいなぁー、と思うときもあります。

ここでお話をしてもらう廣田貴子さんにも、もちろん友達がたくさんいます。「廣田さんって、いつもキラキラしてますよね～」とか「かっこいい～」と言ってくれる年下の後輩もたくさんいるようです。けれど、廣田さんのお話を読んでいると気付くことがあるでしょう。それは、廣田さんが「ひとりでいることがとても上手だ」ということです。

廣田さんには、見知らぬ土地、それも高校生のときからアメリカで過ごしていたという時間がありました。その時間と経験があったからこそ、自分がなりたい何かを探しながら、「自分のきほん」をつくるための鍛錬を真剣にすることができたように思えます。

廣田さんは、いつでもどんな状況でも、「自分はどうしたいのか?」をていねいに心をこめて考えてきました。「なぜ今、そして、これからの自分のためにそれをていねいに考えたいのか?」と自らに問いかけながら「自分のきほん」をつくり、迷うときがあれば「自分のきほん」に立ち返って、これまで一歩一歩を踏み出してきました。

廣田さんのエピソードからみなさんに伝えたい重要なポイントは、「なぜ?」という疑問を立てられるかどうかということです。「なぜ?」と問い続けられることが正直な「自分」をつくり、それらが連なって「自分のきほん」ができ上がっていきます。「なぜ?」というその時々の疑問を「自分のきほん」としてていねいに考えるからこそ、その先にある「自分の将来像」が後悔のない現実となって現れてくるのです。

「なぜ?」という疑問が「自分のきほん」をつくっていきます。そのプロセスを廣田さんのお話から読み取って、読者のみなさんそれぞれが、自分らしい「なぜ?」という問いを立ててみてください。

1 子どものころから「女性の幸せ」について考えていた

こんにちは、廣田貴子です。ここからは私のお話となります。唐突ですが、まずはみなさんに質問です。

「将来、あなたは何になりたいですか？」

幼いころ、こんな質問をされた記憶がみなさんにもありますよね。そのたびに、みなさんは何と答えてきましたか。この本を読んでいるのが女性なら、きっと「お嫁さん」「女優さん」「お医者さん」「保育士さん」「幼稚園や小学校の先生」といった答えをしてきたことでしょう。女性だって勉強したいし、叶えたい夢だっていろいろとあるんだぞ！　といったところでしょう。

でも、そのための「頑張り」って、いったい何のためなんだろうか？　と考えたことはありませんか。私は、幼いころからずっと考えていたような気がします。もしかしたら、私の人生のテーマってそれなのかな、と思うくらいです。

これまでの人生の各ステージで、私が感じていた葛藤についてこれからお話をしたいと思います。私のエピソードにおいて、重要となるポイントについては嶋守さんが「解説」を付記してくれました。みなさんが私のエピソードを読解するとき、その「解説」が参考になればいいなーと思っています。

「将来、何になりたい？」

この質問は、長年にわたって私を悩ませてきました。幼いころの私は、着ている服は兄のお下がりで、しょっちゅう男の子にまちがわれていました。「ここで遊んでてね」と言われても、その五分後にはどこかに遊びに行ってしまい、母が私を探し回るというのが日常でした。「おしとやか」には程遠いとても活発な子どもで、気が強く、男の子とケンカもよくしていました。

そんな私でも、幼稚園のころに「将来、何になりたい？」と聞かれると、いつもやさしくて明るい幼稚園の先生が大好きだったこともあり、「幼稚園の先生になりたい」と答えていました。それ以外の理由としては、家庭から社会に出て初めて出会った人が幼稚園の先生だったからかもしれませんし、母親のようなイメージを重ねていたからかもしれません。

もうすぐ卒園というころ、教育熱心だった両親は私を私立の小学校に入学させることを決めていました。「小学校のお受験！」なんて言うと、ドラマで見るような凄まじい世界を想像する人も多いでしょうが、私の場合、テレビを見ながら親が買ってきたドリルなどをしていたくらいで、「お受験」ということも、当然のことながら理解できていませんでした。

小学校で仲良くなった多くの友人は、お習字、お茶、お華、お琴などといった、まさしく花嫁修業の代名詞とも思えるような習い事をしていました。今考えると、小学生から花嫁修業とは凄いなーと思うわけですが、当時の私はそんなことに何の疑問ももたず、ごく当たり前のこととして受け止めていました。

毎日、友人らはお稽古と塾で忙しそうでした。私が通っていたのは、ピアノ教室とスポーツクラブでした。母がかつて音楽家を目指したということもあって、ピアノのレッスンだけは厳しかったです。泣きながらピアノの練習をしたという記憶があります。このときでも、聞かれ続けていたことが、「将来、何になりたい？」とか「将来の夢は何？」ということでした。

小学生だった私の答えは「スチュワーデス」でした（今は「キャビン・アテンダント（CA）」と呼びますね）。実は、とくにスチュワーデスになりたかったわけではありませんでした。ほかに答えがなく、周りの女の子がそう言っていたから、何となく私も「スチュワーデス」と答えていました。

このころの私は、何になりたいのかという前に、「なぜ、勉強をするのか？」、「なぜ、そんなにお稽古事をしなくてはならないのか？」、「自分はいったい何を目指しているのか？」といったことを考えていました。ちょっとおませな小学生ですね。でも事実、どこに向かって生きていくのかという「意味」や、「女性として生きていく意味」を常に模索していたように思います。

嶋守による解説

「なぜ？」と問うことが「自分のきほん」をつくる、と第1章で示してきました。ここでは、

「自分のきほん」をつくってきた廣田さんの小学時代について解説をしておきましょう。

廣田さんのエピソードで注目していただきたいのが、「小学校のお受験」と「花嫁修業のお稽古事」についての話です。廣田さんが生まれ育った環境では、小学生のときに「将来、何になる?」と尋ねられれば、「よいお嫁さんになる」という答えがすでに求められていたようです。

そんな環境にいたからこそ、「よいお嫁さんになるのは何のため?」とか「女性って?」という疑問を、幼いころからもつようになったのでしょう。小学生であった廣田さんは、自分なりに一所懸命に考えて夢を語りはじめたのかもしれません。「子ども」ではあったが「親の所有物」ではない、一人の人格者、女子というよりもまず「私」は何がしたいのか、と考える自我がすでに芽生えはじめていたと考えられます。

中学時代に考えていた「なぜ?」

小学校の高学年となり、中学も受験することになりました。しかし、受験勉強をしながら考えていたのは、やはり幼少期からの疑問ばかりです。なぜ、私たちは勉強をするのか?　どこに向かって生きていくのか?　「生きていく意味」とは一体何なのか?　真剣に、そんなことばかりを毎日考えていました。

行かないと叱られるから塾に通っていましたが、まともに勉強なんてしていません。言うまでもなく、中学受験は小学校受験のように運だけで乗り切れるほど甘くはありません。当然、私立中学に入れるわけもなく、小学校を卒業した私は公立の中学校に進学することになりました。

公立の中学校では、小学校時代とはまったく違う環境に戸惑いました。中学校の同級生はみな元気でパワフル！　小学校では、大人の言うことをきちんと聞き分ける大人しくておしとやかな友人ばかりでしたから、かなりのギャップを感じました。私立出身の私はまるで「ビニール栽培の温室野菜」で、公立出身の同級生は「たくましい自然で育った有機野菜」のようでした。

同級生の両親の仕事も、八百屋さん、床屋さん、お肉屋さん、おすし屋さんなど、地元で商売をされている家が多かったです。一方、小学生の同級生の家は、実業家、医者、大学教授といった職業が多かったので、その違いに驚くとともに新鮮な感じがしました。今思えば、この両極端な環境での経験が今の私をつくったのかもしれません。

さて、我が家のルールでは、中学一年生から塾に行くことが決められていました。そのため、塾の勉強に影響しない範囲で部活動に励むことになり、親から許しが出たのはバトン部でした。発表前は忙しくなるものの、部活の練習量はほかに比べて少ないほうでした。成績もそれなりによかったほうですし、クラスでは学級委員、部活では部長を務めました。部活以外にも特別支援学級を手伝い、放課後には、週に数日は塾に通うという「優等生」だったと思います。

そんな私に、二年生の終わりに彼ができて、中学生なりの学生生活をエンジョイしていました。やがて高校受験の時期となります。このときに大事件が起きたのです。恋愛ボケしていたのでしょうか、偏差値が下がってしまい、父が大激怒したのです‼　私を叱ったことなどほとんどない父の激昂ぶりに、震え上がりました。

「このままでは学校に行かせない！」と、父が言うのです。ヤバい！　このままでは彼にも会えなくなる。しかし、まだ中学生の私には決断するだけの立場がない。与えられた環境で、どうするかと考えるくらいしかできませんでした。

……グレチャイマスカ？　キレマスカ？　イエデ、シチャイマスカ？

そんな考えが頭をグルグルと回りました。けれども、やっぱり勉強をしました。まだ中学生です。親の意向から大きく外れることができず、父の期待に応えるといった道を私は選びました。

高校受験が近づくと、平日は塾に通い、週末は父が家庭教師となっての勉強です。正直、「マジ？　最悪！」といった状況でした。父の目の前で、英文を音読してから和訳をして問題に答える。数学の問題では、グラフを書いて解く。どんなに嫌でも逃げることはできない。今では感謝していますが、忙しい父がとことん勉強に付き合ってくれたおかげで偏差値も上がり、父が納得するレベルの高校に合格することができました。

嶋守による解説

中学校時代の廣田さんの話、みなさんも親近感がもてるのではないでしょうか。クラブ活動に塾通い、そして、初めての彼氏とのお付き合い。恋にうつつを抜かして成績が下がり、お父さんが大激怒！　本当に愛らしくて、廣田さんらしい素敵なエピソードです。

ご両親の意向や愛情により、「マジ？　最悪！」と思う勉強漬けの毎日がこのエピソードでは綴られています。このあたりのことについて廣田さんに聞いたところ、「自分の夢はまだ分からないけれど、それを夢見てみたいという自我がこの時期に成長した」と言います。そして、夢のためには、「やはり勉強が必要であるということを理解した」と言っています。家庭という最初に出会う小さな社会で、廣田さんはすでに、親と自分の意向を擦りあわせて調整をしはじめていたのでしょう。

高校で「女性としての生き方」とは何かを考えはじめた

私が通った高校はカトリックの女子校で、俗に言う進学校でした。私の友人たちはみな、高校一年生から塾に通っていました。試験で優秀な成績を収めるのが当たり前のような友人たちは、有名大学への進学を目指して猛勉強をしていました。一方、私はというと、勉強に集中することもなく、周りの様子をただ見ていただけです。

高校に入学して一息ついた時期は、どうしたってやる気なんて起きません。「卒業後の進路決定なんて、まだ先の話じゃん?」と友人に言っても、ほとんどの人が猛勉強を繰り返していました。そんな友人たちを横目に、私は無駄な時間をただ過ごしていたような気がします。

「いったい、私は何になりたいのか?」

小学校から高校まで、漠然とそんなことを考えることがありました。とはいえ、その問いの答えを探そうともしていませんでした。友人たちの様子を見ていた私がそのときにふと感じていたこと、それは「何を基準に、みんなは行きたい大学や進路を選んでいるのかな?」ということでした。

看護士や薬剤師、保育士などの資格取得を目的として進学先を決める人も多いでしょう。進学をせずに、結婚して主婦になるという人もいるでしょう。事実、私の友人のなかにも、高校時代

日本での高校時代

からすでに人生の目標を立てて、薬剤師や看護士を目指して猛勉強している人もいました。将来の目標が明確な友人の多くは、両親のどちらかが医師や薬剤師、看護士といった医療関係者でした。身近に未来の自分を描けるモデルがいたり、将来像を描ける環境があったわけです。何の疑問ももたずに、自分が設定した目標や目的に向かい、ブレずにまっすぐ進んでいく友人たちを見て、将来のビジョンが明確で本当にいいなぁーと、とても羨ましかったです。

友人たちはとても真面目で大人しく、お嬢様タイプの人が多かったです。そんな環境のなかで、私みたいに悩んでいた人もいました。その友人とは、「今の頑張りが五年後、一〇年後につながるよね」って話しながら、彼女は勉強を、私は将来について悩んでいたような気がします。いったん悩みはじめるととことん考え込んでしまう性分の私は、友人たちのように猛勉強なんてとてもできなかったです。

実はこのときも、幼いころからの「ひっかかり」とか「何かしっくりこない」という感覚にとらわれていました。悩んだ結果、そうか、私は「女性の幸せについて」疑問をもっているんだな、と考えついたのです。高校生ともなると、身体の変化はもちろん、恋愛や大学進学などについて具体的に考えなければならないという場面が増えてきます。疑問だらけの私の頭をよぎっていたのが、「女性の生き方」についてだったのです。

「女性の幸せ」において、「家庭に入ること」が最良の選択肢であるという考え方、それはきっとどんな時代でも、もしかしたらどの国でも変わることがないのかもしれません。事実、友人たちのお母さんは結婚を機に仕事を辞めて家庭に入り、出産して、子育て中心という「専業主婦」という人が大半でした。一方、私の母は自ら起業して働きながら私たち兄妹を育ててくれました。それは私が通っていた高校だけのことではなく、社会的に見てもやはりマイノリティー、つまり少数派の女性となるでしょう。

母を尊敬し、「女性の生き方」や「女性の幸せ」を考え続けはしたものの、迫り来るのは大学受験です。さすがに私も、真剣に進路を考えはじめることになりました。

嶋守による解説

廣田さんが高校生になると、それまでは「将来、何になりたい？」というモヤモヤとした疑問が、「女性として生きるって何だろう？」とか「女性の幸せって何なんだろう？」という疑問に変化してきました。起業された廣田さんのお母さん、私は写真でしか拝見していないのですが、本当に「pretty!」な方です。キラキラと輝きながら自立し、子どもたちを育てる立派な女性、そんなお母さんを目の前にし、大学進学に向けて「女性としての幸せとは？」と真剣に考えた廣田さん、その心情は自然なものだったと思います。

大学を受験する目的は幸せな結婚？

大学受験が刻々と迫ってきます。周りは黙々と勉強しています。私たちが大学に進学するという当時（平成元年）の四年制大学への進学率は、男子が三四・一パーセント、女子は一四・七パーセントでした。しかし、進学校だった私たちの高校では、大学進学は当たり前のように思われていました。進学先となる有名大学の名前と合格者の氏名が、毎年、廊下に掲示されていました。でも、何のために、有名で優秀な大学に進学するのだろうか？　その意味を見いだせずにいた私は、納得できるだけの理由を探していました。

女性は何のために進学するのだろう？　周りの女友達を見ても、やりたいことよりも、とりあえず入試をパスできる大学、入学できる学部を優先にしているように思えました。頑張ってよい大学に入学して、よい就職先を見つけて、すぐによい結婚相手を見つけようとしているんじゃない？　せっかく必死に努力したのに、出産を機に仕事を辞めて家庭に入ろうと思っているの？

私たち女性は、良妻賢母になるために生きているのでしょうか。もちろん、それも幸せだし、人によってはそれが正解であり、間違いだとは思っていません。しかし、それがすべての女性に当てはまるわけではないでしょう。少なくとも私には、「結婚をするためだけの進学」が正解だとはどうしても思えなかったのです。

女性という人生の「ゴール」は、家庭に入ることだけなのでしょうか？　結婚だけが、女性の人生で一番に優先しなければならないことなのでしょうか？　女性に対する社会的な期待、女性の生き方――そもそも、女性という「人」の人生って何なのでしょうか？

これからどうしよう？　私は何がしたいの？　なぜ生きているの？　どこに向かっているの？　何に向かっていくべきなの……？　「なぜ？」ばかりを考え込んでいましたが、一向に答えを見いだすことができず、行き詰りを感じていました。そんなとき、運命的な転機が訪れたのです。それは、夏休みを利用した一か月のホームステイプログラムでした。

何かのきっかけになるのでは、と興味をもった私は、早速、両親に相談しました。そして、そのときの父の反応に驚きました。どうやら、イマイチなのです。数日後、再度話をすると、さらに驚く言葉を

オレゴン州に向けて飛ぶ飛行機から見るアラスカ州

父が口にしました。

「ホームステイに行くなら、もう留学しなさい。以前から、いずれ留学させるつもりだと言っていただろう。いずれ行くなら、早いに越したことはない」

えぇー！　ホームステイを経験しないで、いきなり留学!?　それは無理！

「え〜と、今まで一度も海外に行ったことないしぃ〜。まずは、ホームステイをして海外を見させて！」と父に懇願し、なんとかホームステイをすることにOKが出ました。

ホームステイのパンフレットを見ると、とてもきれいな街並みの写真が載っていました。レンガ造りの路地や建物で、ちょっと歴史も感じられそうと思った所、それはボストンでした。しかし、残念ながらボストンはおろか、ホームステイのプログラム自体がすでにほぼ満席状態となっていたのです。意気消沈しそうになった矢先、オレゴン州でのホームステイが二席だけ残っていたのを発見しました。「オレゴンってどこ?」「パンフレットにオレゴンなんてあったっけ?」というように何の知識もなかったのですが、迷っている場合ではありません。今回ばかりは父からもすぐにOKが出ました。

「お前は都会育ちだから、田舎で経験するのも悪くないだろう」（父の場合、悪くない＝良いと思う、という意味になります）

ここで、私の人生が大きく変わることになったのです。

嶋守による解説

私たちが大学に入学した一九八九年と二〇一三年の四年制大学への進学率を調べました。後者の進学率は、男子が五四・〇パーセント、女子が四五・六パーセントにまで上がっていました。読者のみなさんのなかには、きっと高校時代、廣田さんのように「なぜ大学に行くの？　何のために進学するの？」と考えることもなく大学に入学したという人がいるかもしれませんね（**表2**参照）。そして入学後、進路に悩む学生たちも多いようです。

正解がない問いだから、思い悩んでしまったら辛いですよね。廣田さんも、「『なぜ？』ばかりを考え、行き詰りを感じていました」。しかし、もがいて、あがいて、考え抜いていると、運命的な転機が舞い込んでくるものです。もちろん、廣田さんのように、ホームステイや留学に行ってもいいよという恵まれた環境は早々ありません。

ただ、みなさんに伝えておきたいと思うことは、社会心理学で言うところの「予言の自己成就」です。「予言の自己成就」というのは、「こうなって欲しい」ということを自分から言葉にしておくと、それが自分自身への刷り込みの強化になって、夢や目標としていたことが実現してしまうということを意味します。

廣田さんもきっと、「女性として、なぜ生きるのかという答え」が欲しいと心から望んだことによって、アメリカへのホームステイという道が拓けたのかもしれません。

表2　４年制大学への進学率と18歳人口の推移

年	18歳人口（人）	進学率・男（%）	進学率・女（%）	進学率・男女計（%）
1985（S60）年	1,556,578	38.6	13.7	26.5
1986（S61）年	1,850,694	34.2	12.5	23.6
1987（S62）年	1,882,768	35.3	13.6	24.7
1988（S63）年	1,882,034	35.3	14.4	25.1
1989（H1）年	1,933,616	34.1	14.7	24.7
1990（H2）年	2,005,425	33.4	15.2	24.6
1991（H3）年	2,044,923	34.5	16.1	25.5
1992（H4）年	2,049,471	35.2	17.3	26.4
1993（H5）年	1,981,503	36.6	19.0	28.0
1994（H6）年	1,860,300	38.9	21.0	30.1
1995（H7）年	1,773,712	40.7	22.9	32.1
1996（H8）年	1,732,437	41.9	24.6	33.4
1997（H9）年	1,680,006	43.4	26.0	34.9
1998（H10）年	1,622,198	44.9	27.5	36.4
1999（H11）年	1,545,270	46.5	29.4	38.2
2000（H12）年	1,510,994	47.5	31.5	39.7
2001（H13）年	1,511,845	46.9	32.7	39.9
2002（H14）年	1,502,711	47.0	33.8	40.5
2003（H15）年	1,464,760	47.8	34.4	41.3
2004（H16）年	1,410,403	49.3	35.2	42.4
2005（H17）年	1,365,471	51.3	36.8	44.2
2006（H18）年	1,325,208	52.1	38.5	45.5
2007（H19）年	1,298,718	53.5	40.6	47.2
2008（H20）年	1,236,363	55.2	42.6	49.1
2009（H21）年	1,211,242	55.9	44.2	50.2
2010（H22）年	1,213,709	56.4	45.2	50.9
2011（H23）年	1,199,309	56.0	45.8	51.0
2012（H24）年	1,188,032	55.6	45.8	50.8
2013（H25）年	1,227,736	54.0	45.6	49.9

※1．４年制大学は学部のみ、短期大学は本科のみ、進学率は過年度高卒生を含む。
※2．18歳人口は、各年の３年前の中学校卒業者数。平成12年以降中等教育学校前期の修了生があり、平成15年からその人数を加算。
出典：文部統計要覧昭和31～41、42～平成13年版、学校基本調査報告書昭和40年版、文部科学省王系要覧平成14～25年版
http://www.mukogawa-u.ac.jp/~kyoken/data/13.pdf

2　人生の転機となったホームステイ

初めてのアメリカ

いざアメリカ、オレゴン州です！　約一か月間のうち、ホームステイは実質三週間で、残り一週間は観光というプログラムでした。参加した高校生は、関東、関西エリアから来た男女、合わせて二〇人ほどでした。空港に集まった私たちは、当然ながら全員が初対面です。お互いに挨拶をして、成田空港からホームステイ先へ向けて出発です。

当時、成田空港からオレゴン州のポートランド（Portland）まで、デルタ航空の直行便が飛んでいました。成田から約一〇時間でポートランド空港に到着しました。目の前にとても明るく雄大に広がる新しい世界に、私たちは目を最高に輝かせていたと思います。

ポートランド空港からさらに99W（ナインティナイン・ウエスト）をバスで下ること約二時間、車窓から見える風

ワシントン州とオレゴン州の州境

景はまさに田園風景、すべてがとても新鮮で、一瞬でもまばたきをするのがもったいないくらいでした。目にするもの、手に取るものすべてが、本当にキラキラと輝いて見えました。広い農場、高く積み上げられた藁、どこまでも見える草原、広い道路、夜八時になっても明るくて高くて大きい青い空、初めて手にするドル紙幣、ビッグサイズのハンバーガーにピザ――日本でもよく目にする看板ですら、本場のアメリカだというだけでまったく違ったものに見えたのです。

ようやく、私のホストファミリーが待つマクミンヴィル（McMinnville）という小さな町に到着しました。マクミンヴィルは一万八〇〇〇人（一九九〇年当時）ほどの田舎町です。バスから降りるとホストファミリーが待っていました。お世話になるのはどの家族だろうと不安に思っていると、大きくて青い目のDad《ダッド》と茶色に薄緑の目をしたMom《マム》が優しい笑顔で迎えてくれました。そして、今では当たり前となったハグ。ちょっと緊張したけど、マムの香水のいい匂いがしました。

その後、参加者それぞれがホストファミリーの家へ向かいました。その当時、ホストファミリーが乗っていたのはカマロ（Camaro）というスポーツカーです。その日はダッドが運転をしていましたが、もちろんマムも運転します。「うわあぁー、カッコイイー！」と、思わず歓声を上げてしまいました。

ホストファミリーが住んでいた家は、ダウンタウンから一〇マイル（約一六キロ）ほど離れた郊外です。隣には馬や牛がいて、庭には野生の鹿が現れることもあると言っていました。

アメリカの夏の夜は日が長く、八時くらいまで十分に明るいです。車や人の声も聞こえず、無限に時間がゆっくりと流れているかのようです。一分も歩いたらコンビニがある生活に慣れていた私は、住んでいた町とのギャップに驚きましたが、これは嬉しい驚きでもありました。

アメリカの教育制度

小高い丘の上に立つホストファミリーの家に着きました。丘の麓にポストがあって、歩くと結構な散歩になるくらいの坂です。ようやく家に着くと、ホストブラザーのマイク（Mike）とクリス（Chris）が待っていました。マイクは四歳上の大学生、私と同い年のクリスは九月から大学生となり、夏休み後には引っ越しをすることになっていました。

庭先に出没した野生の鹿

私たちの前でもキスをするダッドとマム、いつもハグをして微笑みあう愛情表現の豊かな家族、それはまさしくテレビや映画で見た世界そのものでした。高校生だった私は、あっという間にそんな世界に魅了されてしまったのです。

毎日、町の教会での文化交流や、ホストファミリーとのキャンプや釣りなどをして過ごしていました。拙いながらも、辞書を片手に一生懸命英語で会話をしました。そんなある日のこと、私は勇気を出してアメリカの学校制度について質問をしてみました。義務教育はどうなっているの？　大学にはどうやって入るの？　留学した当時の私は、先にも述べたように、「進学とは何か？」とか「人生とは何か？」といった問いに答えを見いだせずに行き詰っていたからです。

アメリカで、ダッドとマムに尋ねてみれば何かが分かるかもしれない。このとき、ダッドとマムとともに過ごせる時間が、私にとっては大切な宝物のように思えたのです。私は懸命に、ずっと考えてきた想いを頑張って言葉にして伝えました。

二人は言葉を選びながら、アメリカの教育制度について説明をしてくれました。義務教育は高校までで、大学のように単位を取っていきます。だから「飛び級」が可能だということです。大学へ進学するためには、一年にたった一度の大勝負といった入学試験がない代わりに「Scholastic Assessment Test：ＳＡＴ」というテストがあり、その得点が大学入学への判断基準とされています。これは大学に出願する高校生のための学力テストで、年に七回ほど開催されているので繰り返し受験することが可能だということでした。

また、入学後も、学部に縛られることはありません。ほかの学部に移りたいと思えば、入学時の学部に在籍しながら他学部に編入することができるのです。いつでも、いくつになっても勉強をやり直せるから、他大学に編入し直すという学生が多いようです。

アメリカでは、大半の学生が奨学金を得て、アルバイトをしながら勉強をして、自分で返納をしていくようです。つまり、親は学費を払っていないのです。だからこそ、自分が何を勉強したいのか、自分が何になりたいのかを真剣に考えざるをえないのです。人によっては、社会人になったあと、本当に勉強したいことを学ぶために再度大学に入学して学んでいるとも言います。そんな背景もあって、「何年もかけて大学を卒業する人がいるのだ」と教えてもらいました。

二人は、親として、人生の先輩として、個性や意見、やる気を尊重しながら私に「アドバイスをする」と優しく言いました。アメリカであれば、私が本当にやりたいことを探せるだけの環境があるような気がしてきました。だって、何度もやり直しができるのですから。自分がやりたいことを探すために、何度でもトライできるというシステムがここにはある、と私は確信しました。

二人からアメリカの教育制度について聞いたことで、私自身の人生における最大の選択をすることになりました。それは、ホームステイではなく留学です。このときのホストファミリーとの会話が、留学することへの大きな意識づけをしてくれたのです。

両親に留学の相談

夢のような三週間はあっという間に過ぎてしまいました。ホストファミリーとのお別れも名残惜しく、最後の夕食のとき、「まだ日本に帰りたくない」とか「アメリカの大学に行ってみたい」と強く感じた私は、父に電話を入れました。

「パパ、私、日本に帰りたくない！」

「分かった、分かった。とりあえず、一度日本に帰ってきなさい」と、父は笑いながら言ってくれました。

帰国後、私は両親と真剣に留学の話をしました。アメリカでどんな風に過ごしてきたのか、また何を感じたのか、なぜ留学したいのか、などを真剣に話したのです。もちろん、両親の援助なしには留学できません。ダッドとマムから聞いたアメリカの教育制度や、自分らしく生きていくための選択肢の幅、またマムから聞いた女性としての生き方といったことも、一七歳なりに心を込めてていねいに両親に伝えました。両親もまた、「初めて行ったアメリカでそこまでコミュニケーションがとれたのか！」と驚き、真剣に私の話を聞いてくれ、留学を許してくれました。

両親と検討した結果、留学先は夏にお世話になったホストファミリーの所となりました。ダッドとマムも真剣に悩んでくれた結果、「自分たちには息子が二人いるけど、娘はいないから。これも自分たちの新しい経験になるだろうから是非」と言って、私を受け入れてくれることになりました。そして翌年、私は再びアメリカに行き、ハイスクールに留学することになったのです。

嶋守による解説

高校生だった廣田さんが単身で渡った初めてのアメリカ、オレゴン州！　ホームステイから留学までのエピソードを一気に紹介してくれました。読者のみなさんも、ワクワク、ドキドキしませんでしたか？　私はこのエピソードを読むたびに、とってもドキドキします。なぜなら、このホームステイから留学に至るまでの話が一番好きだからです。

もし、みなさんがホームステイや留学、海外研修に行こうかと考えているのなら、私は「絶対に行っておいで。心の襞がまだ若くて柔らかいうちに、日本だけじゃない、広くて大きな世界を見ておいで」とすすめたいです。

ホームステイや留学、海外研修やインターンシップに行くにあたって、みなさんが心配するのは言葉ですよね。でもね、本当に、どうにかなるもんです。一歩踏み出して、心を込めて相手に自分の想いを伝えれば、必ず伝わります。

留学へと踏み出した廣田さんも、心を込めてホームステイ先のダッドとマム、そして日本の両親にていねいに自分の想いを伝えたのです。心を込めて相手と向き合えば、必ず自分が生きていくための世界が広がります。常に心を込めてていねいに、「自分のきほん」はこうしてでき上がっていくのです。

3　私の人生は私のもの

一〇年後の自分を、自ら誇れるように

帰国後、留学する準備のために一〇か月ほど日本の高校で過ごしました。その最終日、クラスメイトがお別れ会を開いてくれました。友人たちが「なんで留学するの？」と聞いてきます。そこで、私が思う「自分の生き方」と「選択」の話をしました。

「今の日本社会では、受験で苦労して大学に入っても、厳しい受験戦争を終えた解放感でサークルやアルバイト、合コンなどといった魅力的なものに走り、四年間もの大事な時間を遊んで過ごしてしまうと思う。その後、また頑張って就職活動をしたとしても、その次に女性が目指すものは幸せな結婚が多いと思うし、『結婚することが女性として当然の幸せ』という風に、周りからも求められているように思う。今の私が目指しているものが何かははっきりと分からないけれど、結婚ではない。『自分のやりたいことを見つけること。そして、それに向かって進むこと』。そのためにも、アメリカの文化のなかで勉強したいと思うの」

日本の大学に進学してもさまざまな生き方があるわけですから、今思えば、懸命に大学進学を目指していた友人たちには失礼なことを言ってしまったかもしれません。それに、ちょっと生意気でした。でも、私の人生は私のものだから、可能なかぎり自らの信念に基づいて進みたかった

のです。今、アメリカに行かなかったらいつ行くんだろう？　今、頑張らなかったらいつ頑張るんだろう？　五年後の自分、一〇年後の自分を誇れるように、今、頑張りたい。「一人の女性として」よりも、一人の人間として踏み出したという一歩を、このとき踏み出したのです。

再びオレゴン州マクミンヴィルへ

懐かしいマクミンヴィルへ戻り、私の本格的な留学生活がはじまりました。ホストファミリーとは一年ぶりの再会となります。アメリカの新学期は九月からはじまります。少しでも早く現地になれるため、私は七月の終業式後、すぐオレゴンに飛びました。

ホストファミリーの家は、マムとダッドだけになっていました。ホームステイのときに高校三年生だったクリスは大学生になり、マイクと一緒にポートランドに住んでいると言います。二人は共働きで、先に車で出勤するのがマムで、そのあとにダッドが仕事に向かうという毎日です。まだ夏休みだった私は、昼間は家で独りぼっちとなります。歩けど歩けど畑ばかりで、コンビニなんてもちろんありません。そうした環境で、英語だけで過ごすという生活がはじまりました。覚悟していたとはいえ、二人が帰ってくるまでの時間はちょっと辛かったです。

仕事から帰宅した二人は、ともに家事をします。食事の準備や洗濯、水撒きまで、すべての家事を夫婦二人でやるのです。日本の男性には耳の痛い話ですね。

週末や連休のときには、二人の子どもが帰ってきます。日本では、年頃になった子どもは家に帰って来るなり自分の部屋に閉じこもることが多いでしょう。一方、アメリカでは、常にどこのドアも開いていて、帰ってくるとみんながバルコニーやリビングに集まって話をしていました。

留学した当初、ご多分に漏れず私は自分の部屋に閉じこもっていたのですが、ダッドやマムが「どうしたの？　みんなバルコニーにいるわよ」と、優しく部屋から連れ出してくれました。そして、本当にみんなでよく会話をしました。私が感心したのは、その家族関係でした。

前述したように、家事は夫婦二人で分担されています。常に支え合うという風景が、当たり前のように毎日繰り広げられていました。マムが食事の用意をする間、ダッドは外のグリルでハンバーガーを焼いている。マムが洗濯をする間は、ダッドが芝刈りをしていました。男性にも、「家庭を一緒に築いているのだ」という自覚があるように感じました。

二人に「この家のボスは誰なの？」と尋ねると、マムが

家族で団らんしたバルコニー

すかさず「I'm a boss!!」と即答するそばで、ダッドが「Oh! No No, I'm a boss」と言ってきました。そして最後には、二人で「No No! We both are bosses!!」と微笑みあうという感じです。夫婦二人で家庭をつくり上げているという自覚、ここが日本と大きく異なるポイントです。大きなカルチャーショックでした。

親子関係についても驚きました。親子とはいえ常に対等なのです。マイクやクリスは、学校や将来のこと、またビジネスのことや夢についてなどで、「僕はこう思うけど、ダッドならどうする？　マムはどう思う？」とまず自分の考えを伝えてから相手がどう思うかを尋ねていました。親であっても自分の考え方を子どもには押しつけず、一人の人間、一個人として真剣に思いを伝えています。「個人の尊重」が、アメリカでは家庭という小さな社会からすでにはじまっているんだなぁと、強く感じました。

ダッドの言葉

九月になり、ハイスクールがはじまるという前日の夜、マムが学校に持っていくペンやノートなどのことを心配してくれました。母親の愛情に国籍は関係なさそうです。一方、ダッドは、優しい青い瞳で私をじっと見つめて、静かに次のように語りました。

「タカコ、明日から学校だね。緊張しているかな？　今日はね、一つだけ伝えたいことがあるんだ。子どもというのはね、新しいおもちゃを手にすると、しばらくそのおもちゃで遊ぶでしょう。でも、そのおもちゃが汚くなって壊れたら飽きてしまい、そして捨ててしまうんだ。でもね、タカコ、留学というのは大切なものなんだよ。途中で捨てたりしちゃダメなんだよ。タカコには、そんな風にして欲しくないんだ」

私にも理解できるように、ゆっくりと、優しく諭して、温かく抱きしめてくれました。今でも、この瞬間は私の宝物です。本当に幸せだと、強く感じました。

登校初日、私は「マクミンヴィル・ハイスクール（McMinnville High School）」のシニア（Senior）に編入しました。日本で言えば高校三年生です。とはいっても、英会話の能力は小学生以下で、ヒアリングにいたってはそれ以下でした。

アメリカの公立ハイスクールは、日本の高校のように教室に生徒がいて、そこに先生がやって来るわけではありません。授業は大学のように自分で選択していきます。歴史の授業のときには歴史の先生の教室に行き、数学の授業のときには数学の先生の教室に行かなければなりません。そのうえ、教科書が大きくて重いのです。一冊が、図鑑や辞典くらいの大きさなのです。

ハイスクールでは、廊下にロッカーがズラーッと並んでおり、二人に一つのロッカーが与えられます。新入生の私とロッカーのシェアメイトとなったのは、六月にハイスクールを卒業したクリスのガールフレンド、ブルック（Brooke）です。ブロンドヘアでアート系を思わせるとても賢いブルックは、誰に対してもフレンドリーです。そんな彼女だからこそ、ほとんど会話したこともない、英語もまともに話せない私とロッカーのシェアメイトになってくれたのでしょう。英語があまり話せなかった私は、マムと一緒にスクールカウンセラーと何度も相談し、高校一年生から三年生までのクラスから、さまざまな授業を選択することにしました。

嶋守による解説

廣田さんが体験したアメリカでの夫婦生活と親子関係。言葉としては当たり前のように思われますが、日本の現実ではかなり難しいでしょう。しかし、私たちがこの本を著そうと考えたのは、「人」であるならば、その人の人生は誰かの所有物ではないということを強く主張したかったからです。

ただし、そう言い切るためには、「孤独を引き受けて生きる」という、自らの人生において責任を負うべき「お守り」が必要かもしれません。孤独という「お守り」を握りしめているると、不思議なことに同じような「お守り」をもつ素晴らしい人たちと巡り会えるのです。そんな人たちと「一対一」の個人として向き合い、お互いがかけがえのない存在となり、思いやりと愛情を分かち合える仲間と自然になっていく。おひとりさまの孤独も、宝物を得るための大事な心得なのかもしれません。

さて次では、廣田さんの本格的な留学生活がはじまります。孤立感、ホームシック、英語恐怖症など、胸が痛くなる内容ですが、踏ん張って頑張った廣田さんは本当に素敵で幸せそうです。とくに、留学をしてみたいと本気で考えているみなさんには、しっかりと廣田さんの話を受け止めてほしいと思います。

4　一人だったから、どうにかしようと頑張れた

いよいよ、授業開始！

最初のクラスは「English」、日本で言うところの「国語の授業」です。初めて入ったその教室は、高校一年生が中心でした。どこに座っていいのかが分からず立っていると、先生に「タカコ、ここの席に座って」と声をかけられました。言われたとおりに座り、周りを見回しました。アメリカは高校までが義務教育ですから、クラスメイトは幼馴染がほとんどです。今さら自己紹介をするという雰囲気でもなく、授業がはじまりました。

English 以外に選択した授業は、歴史や数学、タイピングなどの科目です。最初からうまくいくわけがないことは十分に分かっていました。授業を受けていてもさっぱり分かりません。最初

のころは、(先生が何かしゃべっている。あ、みんなが机をくっつけはじめた。何か隣の人と一緒にするんだな)と、周りの行動から何をしているのかを推理するという、何ともお粗末なレベルでした。もちろん、重い教科書に書かれているのは分からない単語ばかりでした。

毎日、時間割の最初はEnglishでした。授業の最初に「今日のテーマ」という課題があり、五分間で作文をすることになっていたのですが、そのテーマの単語を調べるだけで私は精いっぱいでした。クラスメイトはさっさと書き上げて提出するのですが、私は取り残されるばかりです。先生は「タカコは無理しなくてもいいのよ」と言ってくれましたが……。

授業についていくために、毎日、必死に単語を調べるのですが、時間はどんどん過ぎていってしまいます。家に帰ったらすぐに宿題をするのですが、単語をいくら調べても文章読解もままならず、授業から置いていかれるばかりでした。もちろん、友達の話していることが分かりません。勇気を振り絞って話しかけても、文法は間違いだらけだし、発音も悪いので「Excuse me?」と聞き返される毎日です。

当たり前のことですが、家に帰っても話すのは英語だけです。マムやダッドとも、コミュニケーションがうまくとれません。辞書を開いて会話をするのですが、やはり相手の言っていることが理解できないし、私の言いたいことが伝わっているのかさえ分からないという毎日でした。そして、突然やって来たのが「英語恐怖症」と「ホームシック」です。

まさかの英語恐怖症!

英語を話そうとしても、「聞き返されたらどうしよう」とばかり考えて、ある日突然、英語をしゃべることが猛烈に怖くなりました。日本では守ってくれていた親も、アメリカにはいません。常に、たった独りきりです。日本語で相談できる相手がいないのです。かといって、日本の親に心配もかけたくない——日に日に、私は追い詰められていきました。

そんな私を救ってくれたのはマムでした。何か言いかけても聞き返されると思って会話をやめてしまう私を見て、マムが私の異変に気付いたのです。私の手を優しく取って、「もう一回言ってみて」と、何度も会話の相手をしてくれました。共働きのマムは一番早く起きます。眠そうな目を擦り、夜遅くまで私の文法や発音を直してくれました。

学校生活に慣れてくるにつれ、ロッカーをシェアしてくれていたブルックとも少しずつコミュニケーションが取れるようになっていきました。時々一緒にランチをしたり、ロッカーで会って話したりと、私にも気を遣ってくれていたのでしょ

ハイスクール時代のマムと筆者

う。だからといって、無理に私と付き合うことはなく、自らのハイスクールライフもエンジョイしていました。とても自然体で、私との距離を保ってくれていたブルックは本当に大人でした。

その後、私にも仲間が徐々にできてくるようになって、ようやく周りが見えはじめました。留学した年は、私以外にも一二名の留学生がいるというほど留学生ラッシュの年でした。ドイツとスペインからは男女一人ずつ、フランス、デンマーク、コロンビア、フィリピンからは女子学生が一人ずつ、スイス、オランダ、ブラジル、メキシコからは男子学生が一人ずつ来ていましたが、ほとんどの留学生が支援団体から援助を受けてアメリカに来ていました。

留学する方法には、ロータリークラブに代表される団体からの支援を受けて留学する方法と、個人的な伝手《つて》をたどって留学する方法などがありますが、私は後者の個人留学でした。ですから、ほとんど他の留学生と接する機会がありませんでした。時間の経過とともに、周りの友人の紹介や同じ留学生から話しかけてもらえたりして、徐々に知り合いが増えていきました。

先にも述べたように、マクミンヴィルは小さな田舎町です。だから、みんなが同じ学校に通い、同じ町で育っている。学生の多くは幼馴染ばかりで、留学生の私たちは新参者です。ですから、留学生同士が仲良くなるのに時間はかかりませんでした。こんなに多くの国々から留学生が訪れるというのは珍しいということで、ハイスクールでもかなり注目されていました。髪や目の色、体のサイズも多様な私たちが常に一緒にいたのですから、当然でしょう。

留学生とはいっても母国語も違うし、ヨーロッパからの留学生は英語が話せる人が多く、私は拙い英語でのコミュニケーションしかとれていませんでした。傍から見たら「同じ留学生」なんだろうけれどもね、と時には自信をなくし、それでも「同じ留学生」という立場でお互いを励まし合えるようになりました。

当時、勇気づけられたのは、父が送ってくれた『英語にいきづまったら読む本』(テッド・グレゴリー／満喜子・グレゴリー訳、中経出版、一九八九年)という本でした。本を開き、ページをめくると、所々に傍線が引かれていました。そこは、父自身が読んで大切だと思った部分だったのでしょう。それを見たとき、涙が出ました。忙しい父が私のために、まずは自分で本を読んで、重要なポイントに線を引いて私に伝えようとしてくれたのです。

そこには、「どんどん失敗すれば英語はできる」と書かれており、「英語をしゃべる時も完全にしゃべりたいと思い、かえってそれが英語をへたにしている」とありました。そこで、私は思ったのです。話をする相手はいわば英語のプロ……どんどん失敗してもいいんだ、と。

これに気付いた私は、このころから勉強でも開き直ることにしました。私は留学生です。だから、英語ができなくても仕方ないのだ、と。でも、開き直っただけでは前進しません。そこでさらに気付いたのです。「できない」わけだから、「できる」ことを探していこう、と。千里の道も一歩から、できることから試してみなければゴールにはたどり着けないと私は考えました。

それからというもの、私の毎日が変わりました。最初はクラスで何もできずに悔しい思いをしていましたが、まずは課題となっていた作文を、「毎日のホームワークにさせてください」と先生に言うことができました。家に課題を持ち帰って、毎日書き続け、次の日に必ず提出しました。そうするうちに、徐々にみんなと同じペースで作文が書けるようになっていったのです。

今思い返しても、あの「開き直り」がなければ、今の私はないと思います。ほんの小さな達成感ですが、自分なりに日々何かを達成していくことで自信につながっていきました。小さな目的の継続が大きな目標の達成につながることを、心底実感した瞬間でした。

「開き直り」という覚悟

毎日、少しずつ会話を積み重ね、コミュニケーションが徐々にとれるようになってくると、クラスメイトや留学生たちとさらに仲がよくなっていきました。そして、私は心から安心できる自分の居場所を見つけることができたのです。いつも仲良く一緒にいる、国籍も、髪の色も異なる留学生たち。いつしか私たちは町でも注目の的となり、これをよい機会と捉えたマクミンヴィルでは、町の小中学校や同じ州の小中学校に私たちを招待し、それぞれの国について説明をするという企画を立てました。

企画の内容は、留学生同士が二人一組になり、各学校の教室にいる子どもたちにスピーチをしていくというものでした。私はブラジル人のファビオ（Fabio）とペアになり、教室を訪ねました。私は日本についてプレゼンテーションをしたのですが、そのとき、自分の母国についてあまりにも知らないことに焦りを覚えました。さらに、英語でのスピーチもほとんど経験がありません。相手が子どもだとはいえアメリカ人に伝えるわけですから、言うまでもなく緊張しました。

最初はマクミンヴィルだけでしたが、隣町の学校、さらにはカスケード山脈の脇にある人口二五〇人ほどの小さな村にまで行きました。このような経験が、私の語学力を格段に向上させてくれたように思います。

週末は留学生同士、それぞれのホームステイ先に遊びに行っては自分の国について語ったり、普通の高校生と何の変わりもなく、馬鹿な話をしながら大笑いをしたり、ゲームをしたりして過ごしました。国籍も性別も異なる、私を含めた一三人の留学生はとても仲がよく、英語という共通

マクミンヴィルの小学校にて。筆者（左）とファビオ

言語でコミュニケーションを取り合うのですが、それがとても不思議で、本当に楽しかったです。

同じ空気を吸って、同じものを食べて一緒に笑う。同じ時間と苦労を重ねるたびに、お互いの感情が触れ合う。人としての本質は、実は何も変わることはないんだ。そして、どこにいても私は私なんだ、と認識できた貴重な時間でした。

一年が過ぎました。留学が終われば、仲良くなった留学生たちはみな、自分の国に戻って進学をするということでした。では、私は？　ハイスクールを卒業したら日本に帰国するかと考えたのですが、答えは断然「No」でした。「自分のやりたいことを見つけること。そこから、それに向かって進んでいくこと」――アメリカに留学するとき、高校の友達にそう言い切った言葉が胸の内にしっかりと残っていました。

留学生らと現地の友人

ハイスクール卒業の話が出るようになった六月以降はどうしよう、とまた考えはじめました。アメリカ人の友人の多くは、将来を見据えた大学や学部選びをすでにしていました。では私は？どこの大学に入れるの？　私は何を勉強したいの？

勉強してみたいと思いついたのが「コミュニケーション」でした。英語を話せるようになって感じはじめた世界と文化的な視野の広がり。もっと自分の世界を、私は広げたい！　だから、コミュニケーションを専攻しようと思ったのです。

嶋守による解説

廣田さんの幼少期から留学を経て、大学進学までの話はここで終わりです。廣田さんは、留学時期にアメリカでの大学進学を本気で考えたことが理由で、社会人となって働いていく自分を想像できるようになったと言います。それまで真剣に考えてきた「自分らしい生き方」の答えを、仲間同士で語り合いながら、最終的にはアメリカでの大学進学を決めた廣田さんは本当に素晴らしい女性と言えます。

次章は「働くきほん」のお話です。まずはひと息入れて、続く第3章を楽しんで読み進めてください。

第3章

どんな人が相手でも一対一でいられること

――「働くきほん」は、相手への思いやりと感謝から

第3章も、引き続き廣田さんのお話となります。テーマは、大学生活から就職、そして結婚に至るまでです。この章を読んでみなさんに考えて欲しいことは、社会人として働くきほんは、「どんな人が相手でも、一対一でいられること」というものです。

読者のみなさん、とくに大学生であるならば、就職と結婚が今もっとも興味のあることでしょう。就職も結婚も人生のゴールではありませんし、また一瞬で終わってしまうようなイベントでもありません。入社後や結婚式が終わったあと、今度はそこでの「人とのかかわり」が毎日の生活になっていくのです。

とはいっても、そんな毎日が一生続くのかどうかは分かりません。私の教え子にも、公務員として保育士を八年間続けてから結婚をし、二〇一六年の三月には育児休暇を取って出産したという人がいます。

彼女は子どもが大好きで、保育者という仕事に心から誇りをもっています。性格もとても人懐

っこく、在学中も卒業後も、ずっと私を慕ってくれていました。私という大人が相手でも、「一対一になること」を苦にすることなく、どちらかと言えば、私と過ごす時間を心の底から楽しんでくれていたように思います。

ある日のことです。「せんせぇ～、育休とったからランチしましょう～♪」と、その彼女から連絡が入りました。「いいよ～」と返事をした数日後、トンカツを二人で笑い合いながら食べていたときのことです。

「私、二人目も続けてつくって、育休を三年連続でとる気なんです！　私がとても尊敬している主任の先生が、実際に二人目を一人目のあとにすぐに産んで、三年間の育休を取っていらっしゃったので、私も絶対そうします！」と、彼女は言いました。

早期離職が問題にされるばかりという昨今の保育現場です。[1] 彼女の言葉を聞いて、「へぇ～、頼もしいねぇ」と私が答えると、彼女は目を輝かせて次のように言いました。

「復職する先輩の先生方の多くは、『育休で現場から随分離れてしまったし、自分の子どもを育

(1)　嶋守が参加する、保育職の魅力の伝達と保育職の長期就業の促進を目指す取組みについては、次を参照してください。「新任・初任保育士研修：アンケート調査および聞き取り調査の分析」（小川絢子・小嶋玲子との共著、文部科学省委託「成長分野等における中核的専門人材養成等の戦略的推進」事業『現任保育士研修ガイドライン』収録）「保育分野における中核的専門人材育成」事業報告『現任保育士研修ガイドライン』

てながら保育士を続けていける自信がない。復職が怖い』と言います。でも、その主任の先生だけは違ったんです。

『三年間、私は子育てに集中できたから、今後も自分のペースで子どもたちを育てていく自信ができた。だから復職して、早く現場の子どもたちに会えることが本当に楽しみ！』って。

そう断言された主任の先生も本当に素敵だなって思ったし、そんな風に主任の先生に言わせてしまう保育っていう仕事は、やっぱりとても素敵なんだなって、私は心から思ったんです。ですから私、保育士、絶対続けていきます♪」

「その卒業生は、嶋守先生が好きだから、一対一でもいられるんでしょう？」

みなさんのなかには、きっとこう思った人がいるかもしれませんね。しかし、この卒業生には、就職してから最初に着任した子ども園で、園長先生と主任の先生、そして保育士は彼女だけという非常に過酷な現場で働き通したという経歴があります。同期も、すぐ年上の先輩もいなかったのに、なぜ彼女は子どもたちの担任を一手に引き受けて働き続けてきたと思いますか？

それは、彼女が「素敵だと思える主任の先生」という、モデルになるような先輩がすぐそばにいたからです。そして彼女が、どんな大人が相手でも、「一対一でいられる」力をつけていたからにほかなりません。彼女にかぎらず、誰にとっても、またどんな職場でも、早期離職を（さ）せずにすむためには絶対に必要な条件となるのです。

「働くきほん」として重要なのが、好き嫌いを超えたところで、どんな相手とでも「一対一」になれるかということです。働くこと、ましてや結婚には必ず相手がいます。まずは、一人でその相手と話し合うことができるか、と考えます。考えが一致しなければ、お互いに感情をむき出しにすることもあります。相手と違う意見であったとしても、自分の考えを堂々と言えること、それが「一対一」で話し合うということです。

決して、相手の弱点にとどめを刺し、勝ち負けをハッキリさせるという争いではありません。「議論することは戦うこと」と誤解して、対立する意見をもつ相手の話を聞かずに逃げ回るだけでは、永遠に結論の出ない冷戦状態を自ら続けてしまうことになります。そんな状況で働いたり、ましてや結婚生活を続けたいとは誰も思わないでしょう。

まずは「一対一」で話し合いましょう。お互いに礼儀正しく、対等に感謝と敬意を払いながら、相手の言葉をていねいに聞きましょう。そうした思いやりを身に着けるためには、すべての人に訓練が必要となります。その訓練は、他人とかかわるすべての時間において、恐れずに続けることが必要となります。そんな訓練を、ぜひこれから、みなさんにはじめていただきたいです。

では、どうやって訓練をするのか？　その方法を、大学に入学してから二五年間、就職を経て結婚まで学んで努力し続けてきた廣田さんのお話から探してみてください。

1 学生である間に「知らない自分」をどんどん見つける

第2章に引き続き、私、廣田貴子が話を進めていきます。

大学での専攻分野を決めるまで

アメリカの大学は、入学後でも学部変更が許可されていることは前章でも少し説明をしましたね。ハイスクールの卒業を目前に控えた私は、「さて、大学では何学部に入ろうかな?」と悩んでいました。日本にいる私の父は、「政策構想フォーラム」というシンクタンクの設立者です。私がまだ幼いころに、経済界から独自の研究や提言活動を行う団体を設立し、活動をしてきました。そのため父は、将来を見据えて経済学を専攻するようにと私にすすめていました。

でも私は、小さいころから父の周りで飛び交う、訳の分からない経済用語に興味を抱くことはありませんでした。父に何か質問すると、「今の日本経済は……」と、子どもにとってはまったく異次元とも言える話を聞かされてきました。

いつも日本の経済を語る父にしたら、娘の悩みなんてちっぽけなものでしかありません。経済のプロフェッショナルである父は、今思うと、プロとして私に語りかけてくれていたのかもしれません。しかし、幼い私にすれば、まるで怒られているような感じで育ってきたように思います。

だから父が、「大学では経済分野に進みなさい」と言ったとき、拒否反応が出たのかもしれません。

　私は、日本にいたときから報道番組やドキュメンタリーなどに興味がありました。人と社会が好きだったんです。どうして社会ではそんなことが起きるのか、どうして人ってそんな行動をするのか、といったことが知りたかったのです。とはいえ、具体的にどこから手をつけていいのかが分からず、中途半端な知識ゆえ、その興味もいつまで続くか自分でも分かりません。とりあえず、やりたいこと、興味のあるものに片っ端からトライすることに決めました。

　さて、父です。大学で経済学を専攻しないという私の決意に理解を示すことはありませんでした。何度も国際電話で大喧嘩をしました。父に、「自分の言うことを聞かなければ学費を止める」とまで言われたのです。

「どうして経済学がよいのか？　なぜ、経済学でないとダメなのか？」

　専門家である父は、その意味を当然理解しています。けれども私はまだ高校生で、世の中の仕組みを理解するだけの知識がないうえに経済の重要性なんてまったく分かりませんでした。自分のやりたいことを決める情報も、経験も、まだあまりにもなさすぎたのです。

　だからこそ、何度となく喧嘩をしながらも私は父を説得したのです。最終的には、「自分のやりたいことじゃないと、続かないから頑張りなさい」と認めてくれ、私にアドバイスをしてくれるようにまでなりました。

学ぶことが楽しい！

大学での勉強がはじまりました。まずは一般教養を勉強しつつ、マスコミ学の授業を取りました。基本的なカメラの操作方法や、写真について教えてくれるクラスでした。大学内にあるスタジオで、コマーシャル撮影のようなセットで照明を駆使し、あるグッズを商品に見立てて撮影をする「コマーシャル・フォト」というクラスです。そのほか、スライドフィルムのみでつくったストーリーを、台詞なしで制作するというクラスも受けています。

今ではデジタルカメラが主流ですが、当時の授業では中古のマニュアルカメラを使用しており、フィルムで撮影をしました。キャンパスには、現像室や撮影スタジオセット、テレビ番組を模したスタジオもありました。自ら照明を調整して撮影していたこともあり、時間だけでなくお金もかかりました。実践さながらに教えてくれるこの大学のシステム、とても恵まれた環境だったと言えます。

美術のクラスにもトライしました。表現することの面白さを究めてみようという思いから専攻したのです。中学時代は美術の成績がよかったこともあり、「少しは行けるかな?」と思いましたが、ほかの人のレベルの高さを目の当たりにして、「こりゃ無理だわ！」とあっさり諦めたこともあります。ちなみに、美術のクラスでの裸体写生は、学生がアルバイトで全裸のモデルになるので、慣れるまで大変でした。

そのほか、心理学にもトライしています。あまりにも専門用語が多く、教授の研究室にしょっちゅう通いました。ラッキーなことに教授が中国人だったので、分からない単語が出ると漢字で説明をしてくれました。つくづく日本人であること、そしてアジア人であることをよかったと思った瞬間です。

関心がもてるさまざまな科目を履修したあと、私は社会学に興味を抱きました。現代において、人は社会でどのような行動をとるのか？　現象とは何か？　そんなことを考えながら、女性学や労働社会学などを勉強しました。なかでも面白かったのは、「マスコミにおける人種差別」という授業でした。

授業では、ある映画を題材にして、黒人と白人の差別問題が取り上げられていました。その授業で、日本ではあまり得ることのできなかった人種による価値観の違いを目の当たりにしたのです。本当に興味深いことでした。そう実感したことで、結局私は、人々の行動や現象に興味があるのだと気が付いたわけです。

最終的に私が選んだ学部、そして卒業した学部は社会学部です。この結論にたどり着くまでに三年かかっています。自身の関心から選んだ他のクラス（何と五科目もトライしていました！）は、結果として卒業単位となりました。意識していなかっただけで、結局、人とかかわる専攻分野を選んでいたのか、と我ながらとても納得しています。

学部を選択する活動を通して見えたものは何か、それはほかの誰でもない、そのときの自分が一生懸命考えて、ようやくたどり着いた達成感と、自分でも知らなかった自分自身です。親でも親戚でも、ましてや友達でもない、自分自身が苦しんで得た結果こそがこれから歩む人生を決めるということを理解したように思います。

就職活動のなかで見つける「私らしさ」

大学の卒業時期は、卒業単位を取得したときとなります。ほとんどの大学は二学期制ですが、私が行っていた大学はいわゆるクウォーター制度（四学期制度）でしたので、卒業の時期は一二月、三月、六月、八月と、年に四回あります。いよいよ、残り数か月で大学を卒業できるというタイミングまで来ていました。卒業後は日本に帰国するか？　アメリカにそのまま残るのか？なかなか決められずにいました。

日本で就職をするのなら、卒業前に一時帰国し、日本の学生と同じく就職活動をしなくてはなりません。新卒で就職できるチャンスは、人生でたった一度だけです。それを逃してはならないと思った私は、親の反対を押し切って、アメリカの大学卒業を半年延ばすことにしました。その理由は、日本に一時帰国して就職活動にトライするためでした。

高校・大学時代を海外で過ごし、アウェー状態となっていた私が一時帰国してはじめた就職活動。無我夢中で取り組んだのですが、よい結果が出るはずがありません。でも実は、違和感を拭えずにもいました。その「違和感」とは、みんなが同じ服装で一斉に会場に向かうという現象に対するものでした。

全員がリクルートスーツに身を包んで同じような髪形をして、真剣そのものの表情で、会社のあるビルを目がけてまっしぐらに進むという集団を目にしたことがあります。みんな、何を考えながら歩いているのだろうか？　面接のシミュレーションを繰り返し行っているのだろうか？　緊張をほぐしつつ歩く人、余裕があるのでしょう笑っている人もいました。就職活動で遅れをとった私は、みんなと同じ意識で会場に向かうということに抵抗を感じていたのです。

いざ面接会場へ到着すると、緊張感で空気が張り詰めています。いよいよ、私たちのグループ面接の順番です。面接官に対して、みんなが素晴らしい受け応えをしていきます。それを聞いた私は、「え!?　本当にそんな風に考えているの？」とただ驚くばかりでした。ついさっきまで和やかに会話していた人たちが、まったく違う表情で話しているのです。「立て板に水」になるまで、きっと何度も練習してきたんだろうなぁーと、唖然とするだけでした。

私たちの世代が就職活動をしていたのは一九九〇年代初めのことです。ちょうどバブルが崩壊し、四年制大学の卒業予定者である女子の就職は「ほぼ絶望的」と言われるほど悲惨なときでした。一九七一年生まれの私たちは、就職戦線において不景気のあおりをまともに喰らったわけです。企業によっては、あからさまな態度で「女性はいらないけど、形式的に面接しています」というところもありました。

ですから、周りにいた女友達は自らの希望などは二の次で、「とりあえず内定！」を勝ち取ることに必死となり、みんなが殺気だっていました。突然帰国して、中途半端にしか就職活動ができなかった私に、そんな状況が理解できるはずもありません。

前述したように、私の父は経済の専門家です。社会事情を私よりずっと理解していた父は、とても心配していました。就職活動で消耗していくだけの娘をかわいそうに思ったのでしょう。なかなか就職が決まらない娘のために、よかれと思って、自分の知り合いの企業に就職をさせようとしました。父からすれば、ヒヨコ同然の私のことを歯がゆく思っていたことでしょう。

しかし私は、私なりの意見を父にぶつけました。親は親なりに、自分の子どもに何ができるのかを考え、私のために最適な提案をしてくれたのですが、その就職先を「興味のある仕事じゃない！」と言って勝手に断り、大喧嘩になったこともありました。あれだけの大喧嘩は後にも先にもありません。勘当されることも覚悟していました。

自分が無知であるということを知る大切さ

そんな日々を過ごすうちに、私は日本で就職活動をする目的が徐々に分からなくなっていきました。とりあえずの内定勝ち取り、それでいいのかな？　これからの長い人生、今、妥協してもいいのかな？　と思ったわけです。

幸い、アメリカの大学は卒業前でしたし、卒業単位を取る必要もありました。日本のとても厳しい現実、結局、私は日本での就職を諦めてアメリカに戻りました。このことは、人生で初めて味わった大きな挫折と敗北感でもあります。とはいえ、この経験がゆえに、私は本当に何をしたいんだろうかと真剣に考えることになりました。高校のときから、国際的な仕事、社会貢献、マスコミへの就職など「やってみたい」と思うことはありましたが、「実際にどんな仕事があるの？」と聞かれても何も分かっていなかったのです。

必死に就職活動をするなかで、情報収集をしたり、さまざまな人と会って話を聞いたりすることで、「仕事って何なのだろう？　こんな仕事もあるんだ！」など、今まで知らなかった具体的な気付きを得ることができたのは事実です。そして、「自分が社会人として働く」選択肢も具体的に広がっていったように思います。

きっと父は、私がこのように混乱してしまうことを予測していたのでしょう。黙って、アメリカに送り出してくれました。

嶋守による解説

アメリカの大学での授業内容や受講システムは本当に魅力的ですね。しかし、就職活動での苦労は大変だったことが分かります。現在は就職率も上がり、この当時に比べると就職はしやすいようです。とはいえ、そのための活動はやはり大変です。廣田さんは、社会と自分との接点を探し、「自分がどんな仕事で、どのように働きたいか」について、就職活動をすることで具体的に探りはじめました。夢を目標へと具体化する、大事な作業と言えます。

2　「使えない新卒」から築き上げるキャリア――アメリカで経験した仕事

言い訳ができないからこそ自ら動く

アメリカへ戻り、秋からの新学期がはじまりました。卒業は目の前です。結局、日本では内定が得られずにアメリカに戻ってしまった私、親に対して言い訳などはもはや許されません。どうにかしないと、まずはちゃんと卒業しないと、そして就職先を見つけないと……あと三か月で卒業なのです。本腰を入れて、アメリカでの就職活動に取り組むことにしました。

大学には、学生の進学や卒業後の進路について相談できるカウンセラーがいます。現地の学生も頻繁に相談に行くので、私も同じく相談したり、すでに就職した友人から話を聞いたり、フォーラムに出席するなど積極的に情報収集を行いました。もちろん、大学を卒業するために、しっかりと勉学にも勤しみました。

私の専攻は社会学ですから、本来ですと「Bachelor of Arts」、つまり「文系」になるわけですが、興味のあるクラスの単位取得をしていった結果、あと一クラスの単位を取れば「Bachelor of Science」（理系）の学位も同時に取れることに気付きました。

人と同じではつまらない。当たり前ではつまらない。社会学部で文系というのでは、あまりにも普通すぎる。どうせなら、理系の学位を取ってしまおう！　結局、「リケ女」としてその年の一二月に大学を卒業しました。一九九五年、二四歳のときのことです（ちなみに、「社会学部だけど理系です」という話は、いまだにネタとして使っています）。

就職活動で情報収集をしていたころ、自分の一番近くに

オレゴン大学のキャンパス

とてもよいアドバイザーがいることが分かりました。それは、日本でテレビ関係の仕事に就いていた従兄弟でした。

当時、広告代理店で映像の仕事をしていた従兄弟に相談したところ、何と、ニューヨークでコーディネーターの会社を経営する人に会えることになったのです。「コーディネーター」という仕事は、日本で制作する番組やCM、PVなどがアメリカで撮影をする際、ロケ場所の発案や撮影許可の取得、撮影クルーの確保やスタイリストおよび機材の手配など、滞りなく撮影ができるように段取りを組むといった内容です。私自身、「すごく、働いてみたい！」と考えていたメディア関係の仕事だったのです。

コーディネーターの仕事場は大都市に集中しており、西海岸ではロス、東海岸ではニューヨークにありました。希望している職種ですから、「逃すものか！」という必死な心境です。言うまでもなく、私はニューヨークへ引っ越すことにしました。コーディネーターという仕事があることを知らなかった私のニューヨーク行き、もちろん初めての経験でした。

オレゴン州という田舎で暮らしていた私がニューヨークという大都会で仕事をする、当然、ホストファミリーは心配してくれました。それでも、アメリカで仕事をすること、コミュニケーションの仕事に就くこと、それらが「やりたい！」と思っていたことだったので就職する決意を固めました。ホストファミリーは絶対に他人の意見を否定しません。どうやったらその希望に添えられるのか、という観点で考えてくれました。

「タカコがやりたいことをしなさい。何か困ったことがあったらいつでも連絡して来なさい」

この言葉とコーディネーターという仕事が、「本当にやりたい」ことへの扉を開けてくれたのです。

誰のせいでもなく、すべてが自分の責任

ニューヨークに行き、初めて就職したコーディネーターの初任給は一八〇〇ドルでした。当時の日本円に換算すると約一八万円です。ニューヨークは物価も高く、決して楽な生活ではありません。お金がなくて、食べるランチといえば、ピーナッツバター&ジェローサンドイッチ、食パンとピーナッツバターとジャムだけという超簡単レシピです。アメリカの子どもたちや高校生の定番ランチの一つです。一緒に働いていたスタッフたちから、「タカコは子どもか?!」と笑われていました。

ホストファミリーと過ごしたクリスマス

とはいえ、毎日それればかり食べていればさすがに飽きてきます。貧乏だった私がまともな食事にありつけるチャンス、それは撮影のときでした。撮影の日には、お弁当やケータリング（catering）にありつけます。でも、それ以外はいつも同じでした。それでも自分で選んだ仕事です。親の言うことに反発したからには、すべての責任は自分にあります。納得しない生き方はできないし、したくもない――そう思いながら、毎日、ピーナッツバター＆ジェローサンドイッチを食べて過ごしていました。

コーディネーターとしての駆け出し時代、ある日本企業のＣＭをニューヨークで撮影することになりました。となると、出演者のオーディションの開催となります。

みなさんのご存じのとおり、ニューヨークは世界のエンターテイメントの中心です。その魅力に触れたくて、また舞台俳優になりたくて世界中からたくさんの人が集まってきています。そのなかでも日本のＣＭ出演はかなり人気のようで、オーディション開催の募集をエージェントに通知すると何百人という応募がありました。書類選考を通過した人はオーディションとなるのですが、それでも一〇〇人以上となりました。待合会場は凄い熱気に包まれました。

一〇〇人以上の俳優がいる会場では、「今、何の舞台に出てるの？　どこの事務所に所属しているの？」などといった会話がはじまります。そのとき私は待合室を担当しており、女優たちとの会話のなかに加わりながら仕事をしていました。女優たちからすると私の経歴が興味深かったようで、あっという間に質問のターゲットになってしまいました。「何でニューヨークで仕事してるの？」とか「ほかにはどんなプロジェクトをしてるの？」などと質問が尽きませんでした。女性のみなさんなら想像できますよね。どこに行っても女子は女子、ずーっとしゃべっているわけです。

そのとき、お母さん役でオーディションを受けに来ていた女優から、「あなたの夢は何？」と聞かれました。ん～、何だろう？　まだ社会人駆け出しの私、ニューヨークでの生活もはじめたばかりだし、日々を過ごすことだけに必死でした。仕事も半人前だし、「そもそも仕事って何？」と模索していたときです。

ニューヨークで仕事すること、コミュニケーションの仕事に就くこと、さまざまなことにチャレンジして、また別の夢が出てくるんじゃないのかなと思っていた私に、彼女はこう言いました。

「夢をもつことに年齢は関係ないのよ。私はいくつになってもチャレンジするわよ」

充実した日々を過ごすこと、毎日を一所懸命に生きること、そしていつでも夢をもつこと、そうした日々の積み重ねがその人をキラキラさせてくれるのだということを、その女優から教えてもらったような気がします。

オーディションの結果、その女優が採用されてCM出演となりました。日本のCMに出演することも、彼女の夢の一つだったのかもしれません。今もきっと、次の夢を追いかけていることでしょう。いつも夢を追いかけて、達成する努力を怠らない——大事なことを教えていただいた思い出深い素敵なシーンでした。

未熟な私でもできることって何？

コーディネーターは楽しい仕事ばかりではありません。ニューヨークと日本の時差は一四時間。たとえば、ニューヨークが夜の一〇時なら日本はお昼の一二時です。「さて、そろそろ家に帰ろう」と思うころに日本から連絡が入るのです。それが急ぎの案件であれば、家に帰れなくなります。

実際にアメリカでの撮影となると、短い期間にスケジュールを詰め込んで日本からクルーが来ます。そのスケジュールを進ませるために、現地のコーディネーターが一番に出社し、最後に帰宅するという毎日となります。撮影に必要な段取りは言うまでもなく、クライアントの宿泊や移動手段、食事、そして必要となれば買い物などもしました。体力的にも辛くて、地下鉄で寝過ごしてしまったことが何度もあります。

そんな毎日を過ごし、数か月経ったある日のこと、「ある日系の広告代理店で、営業の役員秘書を募集している」という情報を金融関連の日系企業で働いている友人から教えてもらいました。その企業は誰もが知っている大企業で、コミュニケーションを領域としていました。就職できればお給料が今よりも上がる、そう考えた私は転職をすることに決めました。せっかくのチャンス、コーディネーターの仕事を続けるよりも、こちらを優先しました。一九九六年、私が二五歳のときでした。しかし、そのときの私は、まだ「仕事とは何か」が分かっていませんでした。

転職先の企業の上司は大変忙しい人でした。週のほとんどが出張でオフィスにはおらず、秘書である私の仕事と言えば、その上司のスケジュール管理、会議資料の作成や書類整理、報告書作成、アポ取りなどといった仕事でした。仕事自体はとくに忙しいわけでもなく、慣れてくるにつれて暇をもて余すようになりました。

そんなとき、別の部署の人から書類のコピーを頼まれました。「何の資料だろう?」とコピーを取りながら目を通すと、それは「ニューヨークタイムズ」の記事でした。コピーをわたしたとき、記事の内容についての私なりの感想を伝えてみました。すると、「じゃぁ、ちょっと俺の仕事手伝ってみるか?」と言われたのです。暇をもて余しつつあった私は、何かしらの力を身に着けたいと思い、「はい!」と即答しました。

最初に依頼された仕事はコピー取りでした。そこから徐々に仕事が増え、アメリカのメディアにおけるM&Aの現状分析までさせてもらうことになりました。各企業のアニュアルレポート(企業の財務内容についての年次事業報告書)を入手し、株の相関関係を分析し、図に起こしていくという仕事です。もちろん、一人ではできません。周りの人の協力を得たうえで何とか完成させ、社長をはじめとする役員にまで報告することになりました。

私は働く！　ただの腰掛ではいたくない――そうした思いが形となった結果だと私は思っています。物事は考え方次第、受け取り方次第。自分の「選択」がその先の未来を広げてくれることを、自分自身で証明したのかもしれません。

私という「個人」

ニューヨークで働いたことで、もう一つ感じたことがあります。それは人種についてです。アメリカには、さまざまな国の人が移住してきています。とくにニューヨークは、リトルイタリーやチャイナタウンに代表されるように移民が多いのです。宗教やアートにおいても、まさに文字どおり「人種のるつぼ」とされるぐらいにさまざまな人種が暮らしています。

アメリカでは、性差以前にまずは人種があります。「あなたは何人？」から、その人を知ることがはじまるわけです。私の場合、もちろん見かけから「アジア人」なのですが、西海岸で暮らしていたときはアングロサクソンが多かったので、黄色人種だなと感じることが多かったし、実際、「あなたは何人？」と聞かれることも多々ありました。

しかし、ニューヨークで暮らすようになってからは、「自分はアジア人である」という意識をさほど実感することもなく過ごしていました。人種以前に、「私は一人の個人である」ということを強く意識づけられたからです。もちろん性差はありますが、現地の人であっても、「ん〜と、私はニューヨーク生まれだけど、父親はイタリア系で母親はドイツ系で……」という人たちがたくさんいたので、「あなたは何人なの？」という質問自体がナンセンスだったのです。アメリカという国の大きさに驚くしかありません。

こうした環境で働いていたからでしょう。相手とコミュニケーションをとるのに、「何人なのか？」ということは重要ではなく、「あなたの意見は？」「あなたは何が言いたいの？」「何がしたいの？」「私はあなた自身のことについて聞きたいんだよ！」というスタンスが徹底的に身に着くことになりました。

このスタンスは、日本の企業で部下を指導するようになったときも変わっていません。部下や後輩から、「○○の件ですが、どうしたらいいんですか？」と聞かれたときに私は、「あなたはどうしたいの？」と必ず尋ねています。上司である私に決めて欲しいのか、自分はどうしたいのか、と聞くわけです。それは、パートナーである取引先の人に対しても同じです。まずは携わる人がどうしたいのか、一緒に仕事をする相手の意見を明確に把握するようにしています。

アメリカという国で過ごした経験から言えば、常に自分の意見をもち、意見交換をすることでお互いの理解を深めていけるところがこの国の「よい文化」だと感じます。それはコミュニケーションをとるうえでは、世界中、どこであっても非常に大切なことだと思います。

嶋守による解説

就職をきっかけに、描いていた自己イメージと実力を試し、確かめていくようになった廣田さん。そして、「あなたの意見は何？」と聞かれれば、常に自分の考えを言葉にして相手と話すことで、「どんなときでも一対一になれる」という自らの環境をつくり上げてきました。相互理解のために最大限の努力ができること、これが廣田さんの「働くきほん」になっていったと考えられます。

3　そのときの年齢に必要な決断をすることの大切さ——帰国してからの私

どうしても乗り越えられない「壁」

外国人である私がアメリカで働きはじめて直面する問題はビザの期限です。何とかアメリカに残る方法を模索したいと、ほかの企業に転職を試みたこともあります。また、貿易関連の仕事からオファーをいただいたこともあります。でも、何だかしっくりこなかったのです。その理由は、何のためにアメリカで働くのか、なぜアメリカにこだわるのかが分からなくなっていたからです。

自分自身を改めて見つめ直して、気が付いたことがありました。このような感覚、日本で就職活動をしていたときに感じたものと同じかもしれません。そもそも、私は何がしたいのだろうか？　オファーをいただいた企業に入社したいの？　その企業でやりたいことがあるの？　やりたいことよりも、アメリカに残るためだけの「手段」として仕事を選んでいないのか……？

その当時の私が考えあぐねてたどり着いた結論は、「いくらアメリカで働き続けて頑張ってみても、私はアメリカ人にはなれない」ということでした。でも、私にはアメリカで必死に頑張ってきたという時間がある。だから、漠然としたものだけど、実力さえあればまたアメリカに戻って来られるだろうとも思っていました。言ってみれば、「私の自負」になっていたのです。

しかし、日本に帰ることにするのであれば早めに帰らなければなりません。きっと、すぐには日本社会に馴染めないはずです。アメリカで生活をはじめて、毎日の暮らしに馴染めたのは高校生だったからです。すでに社会人となった私が日本に帰国して、日本の社会や習慣に馴染むのには苦労することが明らかでした。

そこで、「もう帰ろう、日本に」と強く思ったのです。そう決意した私は、アメリカから日本に帰国しました。独りで走り続けてきた私は、親元に帰って何よりも「無条件に甘えたい！」と思いました。一九九七年、二六歳になるときでした。私にとってはとても濃密で、人生の分岐点となったと強く感じる年齢でした。

帰国後の就職に関しては、外資系のＩＴ関連の会社に勤めていた同じ大学の友人に「そろそろ帰国しようと思って……」と相談すると、トントン拍子に決まりました。その友人が、就職試験を「受けてみたら？　本気で受ける気があるなら、履歴書を送ってよ」と紹介してくれたのです。

帰国してすぐに面接。その企業はアメリカ法人で、日本法人の支社を立ち上げるところでした。一日も早く人が欲しかったのでしょう。こんな私でも採用されて、日本での就職先が決まったことは本当にありがたいことでした。とはいえ、予想どおり、あるいは予想以上に帰国してからの私は大変でした。青春期をアメリカで過ごしていた私の感覚はアメリカ人です。考え方も、英語的な思考になっていました。

日本人なのに日本の文化に馴染めない！

日本に帰国して最初に就職した会社は、まさにＩＴ業界の先駆けと言われるところでした。日本の商社および新聞社が五〇パーセント出資していたこともあって、外資系であっても体質としては日本的なものでした。日本でも有名な二企業の出資会社ですが、日本で初めて就職する私は、日本的な企業のあり方に戸惑うことになりました。

出資元の商社と新聞社は大企業で、社風が大きく異なります。新人の私には、どちらの言うことを聞くべきなのか分かりませんし、社内におけるパワーバランスも分かりません。アメリカであれば思ったことをストレートに伝えられますが、日本企業ではそれが憚られます。いったい、誰について行けばいいのか、誰に相談すればいいのかも分からないという状態でした。

そのうえ、国内メーカー出身の男性社員からは、面倒臭いとしか思えない「お叱り」をいただくことが多かったのです。「日本ではこうなんだよ。今まで自分がいた会社ではこうだった、あだった……」と、延々と無意味な説明ばかりを聞かされたのです。

また、この企業には転職者が多く、社員の多くは日本国内外の有名企業で働いたという経験の人ばかりで、新卒の人がほとんどいませんでした。生活習慣も考え方も日本風でない未熟な私では、いざ働こうとしても社内での行動様式が分からず、電話対応や資料作成すらできませんでした。また、社会人としては当然ふまえているべき「お作法」が分からないため、社内会議のときに通訳として出席しても、その役目を満足にこなすことはできませんでした。

とはいえ、さすが外資系です。女性も、男性と肩を並べてバリバリと働いています。配属された部門での最初の上司は女性でしたが、すごく「カッコイイ！」人だったのです。何かにつけていたらない私は、「廣ちゃん、そんなことも分からないの⁉」と、いつも怒られてばかりいました。

また、新しい会社であっただけに組織変更も頻繁にあり、そのスピードにも着いていくことができませんでした。気が付けば、上司に引っ張られる形で部署を異動し、なんとか仕事をこなしていただけという状態でした。

バリバリと仕事をしている女性上司と自分の実力。こんな自分は会社にとってどんな価値があるのだろうかと考えたり、せっかく帰国したのになかなか日本に慣れず、会社での自分の居場所も分からなくて悲しくなりました。本当に悔しくて、苦しい思いをしました。

今ならば、自分がどうすべきだったのかが分かります。しかし、あのころの私は、どうしていいのかまったく分からなかったのです。夜中にバッと目が覚めると、汗をびっしょりとかいているという毎日です。毎晩うなされて、かなり精神的に追い詰められていたと思います。

自分の「価値」をつくる

結局、その会社を一年ほどで退職しました。アメリカから帰国してすぐに就職した自らのことを振り返れば、若さと根拠のない自信とプライドしかありませんでした。つまり、実力も実績もないのです。そのくせ言い訳をすることで自分を正当化し、親の心配をよそに、勝手に会社を辞めたわけです。親にもかなり怒られました。それ以後、たくさんの苦労をすることになりました。親の反対を押し切って辞めたわけですから、仕方がありません。

その後、派遣社員として外資系企業の役員秘書や、フリーランスとしてコーディネーターや通訳などをしながら、正社員になるべく就職活動をした期間が約七年です。その間、数えきれないほどの履歴書を書きましたが、就職先はなかなか決まりませんでした。たかが書類、されど書類――その書類が通らないことには次に進めません。毎回「断りの通知」が来るたびに落ち込んで、

「なぜだろう?」と自分を責めていました。

とはいえ、その経験があったからこそ得られたこともあります。それは、「このような経験は、自分自身のことを何度でも知れるチャンスなんだ」と、意識を切り替えることの重要さでした。

同じ内容の履歴書を書いても意味がありません。私を知ってもらうためにどうするのか？　私はなぜその企業に入りたいのか？　さまざまな角度から見える「自分自身」について考えはじめることにしたのです。このままでは、自分のことをちゃんと説明できない、自分で「自分」のことをアピールすることができない、と考えたわけです。時間をかけて書類を書き直し、徐々に次のステップに進めるようになっていきました。

派遣社員として働いた経験も、確実に私を成長させてくれたと思います。なぜなら、そのときから仕事に取り組む意識を変えるようにしたからです。ある製薬会社の役員秘書という仕事をしていたとき、上司から依頼された資料作成に関しても、これは今まで知らなかった製薬会社について理解するチャンスと考えるようになったのです。

役員の資料なんて、一般の社員は見ることができません。そんな資料をいち早く見せてもらえるうえに、多少なりとも私が作成するのです。「これって凄いことじゃない！」と、ポジティブに捉えることができるようになったのです。

不思議なものです。意識が変わることによって、就職活動にもよい影響が現れはじめました。

そのときに、再び自分の意識を切り替えました。「面接は、自分の目で相手や企業を見られるチャンスだ！」と、考え出したのです。相手から評価されるだけでなく、自分も会社を見極めるのだという意識です。つまり、面接という場面を利用して、さまざまな分野の人たちと会うことができ、話を聞くことができるのだと、発想の転換をしたのです。

ある日、有名建築家の秘書を募集していたので、「ダメモト」で応募してみました。幸いにも、書類選考を通りました。人事担当との面接で話を聞いているうちに、その建築家には、日本語と英語のバイリンガル、日本語とロシア語のバイリンガル、日本語と中国語のバイリンガルといった秘書が合計六名もいることが分かりました。

ビックリです！　さすが、世界的に活躍されている人は凄いわーと思いました。そして、こりゃ無理だー、とも。しかし、どういうわけか人事面接が通り、建築家本人との最終面接となりました。

応募した当初はまさか本人に会えるとは思っていなかったので、お目にかかったときは本当に嬉しかったです。それだけでも十分満足です。でも、確認したいことは明確かつフランクに尋ねました。いろいろな話を聞き、そして「ぜひ、来て欲しい」とのオファーをいただきましたが、条件が合わず入社を諦めています。

ほかにも、ある大使館を受けたことがあります。大使から直接電話をいただき、何度か条件の調整をしたのですが、やはり入館を諦めています。両方とも、今となっては大変貴重な経験です。今でも、このときのことは大切な思い出となっています。

どんな経験も無駄にはならない！

実は、この原稿を書いている現在、私はフリーランスとして仕事をしています。これまでにした仕事は、役員秘書、国家機関での臨時職員、放送局での委託業務、個人事業主など、さまざまな業種や業務形態で働いてきました。ニューヨークでの仕事を含めると八社で働いてきたことになります。

各企業とも環境が異なり、業界も業務内容も違います。もちろん、働いている人々の価値観もそれぞれ異なっています。仕事を通して訪れた場所や出会った多くの人々、その仕事をしていなければそこに行くこともなかっただろうし、その人々にも出会うことはなかったでしょう。日常では得られない気付きがあったり、達成感を得たりと、知らなかった世界で働いたという経験から、自分

自宅での作業風景

ですら知らなかった自分自身に出会うことができたのです。

そんな経験が、私を確実に成長させたと思っています。そして、部下や後輩への指導においてそのような経験を語り、とくに二〇代の女性に対して影響を及ぼしたと思っています。私自身もそうでしたが、五年後、一〇年後を描くことの大切さを伝えたかったのです。

無駄になる経験なんて一つもない！　今後、仕事においてだけではなく、これからも続いていく長い人生のさまざまなステージで生かすことができるでしょう。もちろん、家庭をもっても同じだと考えています。

嶋守による解説

日本に帰国した廣田さん、七年間にわたる就職活動、そしてアメリカも含めると八社での勤務経験があります。具体的な名称は書けませんが、本当に驚くばかりの企業でのキャリア形成は見事だとしか言いようがありません。夢を現実にし、社会実現するその姿勢、ぜひ見習いたいところです。

4 結婚、そして出産？

これまで、留学経験と働き方について書いてきましたが、仕事の話ばかりでしたね。さらに、「結婚や出産に興味がなかった」とも書いてしまったので、恋愛にも興味がなかったように思われてしまったかもしれません。トンデモナイ！　私だって恋愛には興味がありました。実は、帰国後、日本で働きはじめた会社を辞めた直後に、付き合いをはじめた男性がいます。

パートナーシップを築く

彼と付き合いはじめたのは二六歳のときです。アメリカに居るときから私はダルメシアンのパセリ君を飼っていて（写真のとおり、本当に可愛かった！）、一緒に帰国しました。大の犬嫌いだった彼ですが、私と付き合うとなったからには「犬嫌いだ」なんて言っていられません。「私と付き合うなら、パセリも一緒だから（笑）」ということで、受け入れてもらいました。さらにその後、パセリ君のパートナーのフェイちゃんを一緒に育てることにもなりました。今では、彼も完全に愛犬家です。

愛犬のダルメシアン（パセリ君とフェイちゃん）

二六歳にもなれば、女性はどんどん結婚しはじめます。ごく自然に、彼も付き合った当初から「結婚したい」と言ってくれていました。しかし、そのころの私は、結婚よりも仕事の面で落ち着くことが大事だと考えていました。それに、結婚という形にとらわれたくなかったのです。婚姻という制度のつながりがなくても、「一緒にいればいいじゃない」と思っていました。形式、制度、しきたりにとらわれず、親や周りがなんと言おうが、私たち二人がどのような生活をし、どのようなパートナーシップを築いていくのかが大切だと考えていたのです。

大学を卒業して以来、建築畑を走り続けた彼は、現在も設計士をしています。忙しいにもかかわらず、いつでも黙って私の話を聞き、支えてくれました。わがままな私ですから、仕事で辛いことがあると、しょっちゅう「もう辞めた～い！」と言っては彼に愚痴を聞いてもらっていました。そんな彼が、「結婚なんて別に……」という私の意識を変えてくれたのです。

付き合いはじめて数年が経ったときです。そのとき私は、九州・沖縄サミットに携わった仕事をしており、夜中まで、時には明け方まで仕事をしてタクシーで帰宅し、ほんの少しだけ眠ってシャワーを浴びてまた仕事に向かうという毎日でした。当然、彼ともすれ違いの日々です。

仕事がピークを越えたときのことです。帰宅すると、部屋はきれいだし、洗濯物も溜まっていないし、パセリもフェイもニコニコしているように見えました。そのとき、私はようやく気付きました。毎日、家のことなんて何もできない私に代わり、彼が家事や洗濯、そして愛犬の世話をしてくれていたのです。仕事に没頭していた私を、彼は無言で支えてくれていました。彼に感謝して、「私の分も洗濯してくれていたんだね。ありがとう」と言うと、彼はこう答えたのです。

「毎日、夜遅くまで仕事して帰ってきて、お風呂に入ったときに貴子のパンツがなかったら困るでしょ？」

何と素晴らしくありがたい言葉（泣）！　私はこの言葉を一生忘れません。今でも、この話を思い出すだけで涙が出そうになります。

その後、転職を繰り返し、ようやく正社員になったとき、私は三四歳になっていました。帰国後に彼と付き合いをはじめてから、すでに八年が過ぎていました。日々仕事をする私を支えてくれる彼、パンツの件はジワジワと私の心に染みていきました。

この人となら新しい家庭を築いても楽しいかも。恋人同士ではなく家族に、さらに家族が増えたりしたらもっといいだろうなーと将来を想い描き、私を支えてきてくれた彼が父親になったら、どんな父親になるんだろう、と思いはじめました。

愛犬ミニチュアダックスのパールさん

彼はいつも、仕事についても家庭のことに関しても、「貴子がやりたいことをやればいい。できることをやればいいよ」と言って私を励ましてくれています。そのうえ、決して私には何も押しつけないのです。どんどん、私の中でかけがえのない存在になっていきました。それから数年後、結婚もしていないのに、互いの親に何の相談もせずに、彼と二人で家も建ててしまいました。

キャリアと結婚と出産の苦悩

いつかは結婚をし、人生をともにするのだろうなぁーと思いつつ、具体的な結婚生活のイメージをもてずにいた二〇一三年のある日のことです。ある企業から仕事のオファーを受けました。このオファーがきっかけとなり、自らの人生設計について真剣に考えるようになりました。受けていいのだろうか……今ならまだ子どもが産めるかもしれない。そう、女性という「性」を意識するようになったのです。

女性が「子どもを産む」ということは、「人生と生命」について真剣に考えることとなります。このタイミングが訪れる時期は、人によって異なるでしょう。とくに計画をするわけでもなく自然に授かる人、計画的に考えている人、さまざまなケースがあると思います。「子どもを産む」と考えはじめるとき、また仕事をしながら自分に宿るであろう新しい「生命」を考えはじめたとき、いったい何から考えるものなのでしょうか。

妊娠から出産までの間、女性はさまざまなリスクを抱えます。それまで築いてきたキャリアの継続と自らの体調管理、出産後の体調変化とそれに基づく健康管理、家族の生活設計、その後のさらなる自分のキャリア計画、人によっては、出産で命を落とすかもしれないというリスクさえあります。

私の年齢（この原稿を書きはじめたときは四二歳）で出産となれば、それを先送りにできる猶予はありません。私が抱えているプロジェクト、チームの人事配置、パートナーの仕事のタイミング、そして自分の体調管理、働いている私にとって、「キャリア」と「性」は常に切り離せないものでした。

歳も歳ですから、恐らくすぐには妊娠しないでしょう。新しい職場で、すぐに産休が取れるかどうかも分かりません。自分が採用する側の立場であれば、出社後、すぐに産休に入ってしまうような人の採用はやはり躊躇するでしょう。言うまでもなく、人事計画にかなりの変更が必要となるからです。

本来であれば、妊娠、出産は喜ぶべきことです。嬉しいこととして、前向きに受け入れられる社会的な環境が望ましいと考えています。しかし、残念ながら、女性という位置づけにおいてはいまだに理想であって、日本社会はまだそこまで到達していないというのが現状です。

もし、私が「子どもを産む」と計画するならば、今まで慣れ親しんだ環境で仕事をしながら、周りの協力を得て産休を取り、仕事に復帰したほうがいいかもしれません。もしかしたら、働くママ（ワーキングママ）の環境を社内においてつくりだせるかもしれません。

社内でキャリアと出産にまつわる実例を目の当たりにしてきたことで、私自身の今後の人生設計について真剣に悩む日々が続きました。新しい仕事のオファーも、受けていいのかどうかが決められない。時は刻一刻と過ぎていきます。オファーに対する返事もしなければなりません。今まで培った人脈やキャリア、ようやく仕事も任されるようになってきた今、気付いたら「高齢出産」と言われる年齢です。出産のリミットを越え、一生、子どもがいない人生を選ぶかもしれない。

もしかしたら、妊娠ができないかもしれません。自分が出産のために死んでしまうかもしれません。そうした高齢出産にまつわるリスクやストレスを負ってまで、私は子どもが欲しいのだろうか？　そもそも、私は子どもを産まなきゃいけないのだろうか？　残念ながら、いつの時代になっても女性は、このような選択で決断を迫られることが多いでしょう。正直、私自身この問題に直面するのが嫌で、ずっと逃げてきたように思います。

最近は、「育メン」や男性の育児休暇の取得などが社会で言われはじめています。でも実際には、育児や家事・炊事などは、ほとんど女性任せとなっています。男性は「家庭を守る」という責任を感じているのでしょうが、「子どもを産む＝一時的にでも離職を余儀なくされる」というシチュエーションを想定するという文化は根づいていません。

我が家の場合、前述したように、家事や炊事は彼も積極的に担当してくれています。今まさに、考えていることは私たちの子どもについてです。果たして、パートナーである彼は、そこまで私のプレッシャーを自分のことのように感じてくれているのでしょうか。今の日本で、社会全体として彼や周りの協力と理解が得られるのでしょうか。女性じゃなかったらきっとこんなには悩まないのに、と思ってしまいます。

読者のみなさんが二〇代の女性であるならば、就職や恋愛、そして結婚のことを一所懸命に考えて、忙しいと感じているかもしれません。一所懸命だからこそ直面する壁、それが仕事、結婚、妊娠、出産です。順番は人それぞれでしょうが、自らの人生を左右するイベントが女性には盛りだくさんとなっています。

いつ素敵な人と出会うか分からないし、結婚するのかどうかも分かりません。また、結婚したいと思うかどうかも、思いどおりに妊娠できるのかどうかも分かりません。そもそも、子どもを産めるかどうかも分かりません。ひょっとして、子どもが欲しいと思わないかもしれません。私自身も含めて、ほとんどの女性は未確定すぎる要素から、自分だけでなく家族の未来設計をしなくてはならないのです。それが、男性とは一番違うところだということをみなさんには理解していただきたいです。四〇代になった私も、日々身に染みて考えさせられています。

自らの立ち位置が安定したという確信を得るために就職をし、なかなか結婚は考えられなかったと言う廣田さんの正直な思いに共感する人が多いことでしょう。

嶋守による解説

国立社会保障・人口問題研究所の第一〇回調査（一九九二年）によると、平均初婚年齢は、男性二七・六歳、女性二五・三歳でしたが、第一四回調査（二〇一〇年）では、男性二九・三歳、女性は二八・一歳に上昇しています。女性の社会進出が進むにつれて結婚年齢が上昇し、晩婚化が進行しているのです。夫婦が求める生活様式や関係性の変化などが、結婚への意識を変化させているという現実もあります。

廣田さんは、婚姻という制度やしきたりにこだわらず、二人が望む結婚をしたいと考えていました。しかし、出産について考えると、「不確定すぎる要素が多いのに、自分だけでなく家族の生活設計をしなければならない」と痛感しています。

子どもがいる生活、あるいは子どもができなかった生活も、現代女性の生き方においては多々ありうることでしょう。とはいえ、夫婦、そして親子関係においても、お互いを一人の個人として尊重しながらパートナーシップを築くということに変わりはありません。また、それが重要なこととなります。

廣田さんは、現在も「出産について考えている」と書いていました。子どものいる生活、子どもができなかったという状態における「パートナーシップの構築」については、第Ⅱ部、第Ⅲ部で具体的にみなさんとともに考えていきたいと思います。

5 「結果」は自分の「作品」——素敵な作品でいっぱいの人生に！

人のせいにしないで！——最終的に決めるのは自分

気付けば四〇代の半ば、私も結構いい歳になっていました。これまでに述べてきたように、私にも一〇代や二〇代のころがありました。そのころは、何の根拠もありませんでしたが、漠然とした自信がありました。「何事も、為せば成る！　どうにかなる！」と思い込み、目指すべき明確なゴールも分からず、ただがむしゃらに進んできたような気がします。それでも、「今の頑張りが五年後、一〇年後につながるね」と学生時代に親友と交わした言葉を糧に、これまで頑張ってこられたように思います。

女性は、仕事で頑張ったら頑張ったで、「あいつは生意気だ」と言われます。また、仕事でバリバリと頑張っていても、妊娠すれば「だから女は……」と言われます。そして、子どもを産まずに仕事を頑張っていると、「結婚は？　子どもは？」と周りから尋ねられ、「我が国の出生率の低さの原因の一つは、女性の社会進出」のためだとされます。正直なところ、女性は大変だなぁーと思っています。

それでも、ちょっとずつでしょうが、社会は動いています。それを実感するがゆえに、私は以下のように考えています。

●「女性がいなければやっぱり社会は回らない！」と言われるだけ頑張ればいいではないか。

●「だから女は……」と言う人々を、いつか見返してやればよい！

そのためにも、女性である私たちが、何をするにせよ、日々目的をもって一所懸命に生きていかなければなりません。結婚だけが女性のすべてではないのです。なぜなら、結婚後も私たち女性の人生は続いていくからです。

この本を通して、私たちの次の世代を担う読者のみなさんに私がお伝えしたいことは、毎日毎日を一所懸命に生きるだけでなく、日々、自分が納得できるように生きていくこと、そして、そこから得られる自信や輝き、またもたらされるであろう人生の広がりや可能性が「女性として生きることの幸せ」であるということです。

みなさんの周りにも素敵な女性がたくさんいらっしゃることでしょう。女性がキラキラ輝いている理由は、ズバリ、その生き方にあると思います。日々頑張って、納得して生きているからこそ輝くのです。私はそう確信しています。

そして、もう一つ。今、私がこの年齢になって思うのは、若者の特権は失敗できるということです。そして、人生の先輩から失敗談を聞くことも可能だということです。

「えぇー、面倒くさい。うるさい、古っ！」など、先輩の話を聞いていて感じることが多々あると思います。しかし、周りにいるみなさんは、多くの場合人生の大先輩だし、すでに辛い経験をしている人ばかりなのです。耳を傾けるだけの価値は十分にありますし、コミュニケーション能力をアップする機会ともなります。

女性だけでなく、人には仕事に生きる「強さ」、家庭を守るための「強さ」、何かを成し遂げることから得られてきた「強さ」といったさまざまな「強さ」があります。とくに女性には、「母になる強さ」と「主婦になる強さ」といった、女性ならでは独特の「強さ」があります。現に私自身も、自分の母親の「女性ならではの強さ」を見て育ちました。

ぜひ、読者のみなさんも、周りにいらっしゃる先輩方から話をうかがってみてください。時は、あっという間に過ぎていきます。だからこそ、なるべく早く「どんな相手とでも一対一になれる力」を身に着けて欲しいと思っています。

自分を変えるには、今すぐにやるしかない

最終の見出しを「自分を変えるには、今すぐやるしかない」としたいと思いながら、ここまで書いてきました。このフレーズは、二〇一三年に流行語大賞を取っています。フレーズのとおり、自分の人生を楽しくできるのは、ほかの誰でもなく自分なのです。そして、自分が幸せでなければ身近な人も幸せにはできないと、私は強く思っています。

ここまで繰り返し述べてきたように、日々の小さな成功と失敗の積み重ねが私の「自信」となっています。あなたの人生はあなたのものです。今まで自分が何を考え、どんなことをしてきたのか、何を吸収してきたのか、家族や学校の友達、バイト先の仲間など、それぞれの人にとって大切な人やその人が発した言葉との出会いを繰り返しながら、「自分」という人ができ上がっていくのです。

私はこの本で、自らの幼少期から成人に至るまでの経験を振り返り、そして自分を表現し、開花させてきた道のりをまとめました。辛かった日本での就職活動も、今となれば大変貴重な経験です。あのときの挫折があったからこそ、今があるのだと断言できます。「Life is once!」、人生は一度きり、なのです。

私にとっては、これまでの経験そのものが私の作品です。今から二〇年前、初めてアメリカで就職し、駆け出しだったコーディネーターのときから携わってきたすべての仕事が「私の大事な財産」なのです。それらすべてが、魂を込めて制作してきた「作品」なのです。そして今、なぜ仕事するのか？　どんな作品がつくりたいのか？　どんな人生を生きていきたいのか？　この瞬間も私は考え続けています。

日本の高校に通っていたときに、「今の頑張りが五年後、一〇年後につながるね」と励まし合っていた友人が、この本を一緒に書いている嶋守さやかさんです。こんな歳になった今でも、彼女は私を「貴子」と呼び、「さやかちゃん」と私は彼女を呼んでいます。お互いに違う道を頑張って歩んできた二人が、今こうして一緒に作品をつくりました。最高です！

第２章で中学受験を前に、私の偏差値を下げて廣田家を大騒動へと導いた彼がいました。その彼は今、結婚相手として日々私を支えてくれています。そうです、私のパンツまで心配してくれた彼です。

結婚という形にとらわれたくないと思っていた私が、幸せにしてもらいたいのではなく、私が彼を幸せにしてあげたい、一緒に幸せになりたいという私になるまで、彼は静かに見守ってくれました。結果、二六歳から再び付き合いはじめ、一〇年以上も経って結婚をしたわけです。

そして今、私たち二人はまさしく今後の人生に大きく影響するであろう点について話し合っています。それは、「私たちは子どもが欲しいのだろうか？」ということです。経験はもちろんありませんし、可能性も未知数です。体内時計が迫っている今、猶予はありません。仮に「子どもをつくる」という決断をした場合、今まではどうにか自分一人で頑張って、自分の希望する結果を手にしてきた私ですが、妊娠はさすがに一人ではできません。彼の理解と協力なしには成し得ない、まさしく彼との人生における人生最大級の共同プロジェクトとなります。

「そんなの大げさだよ！」と思うかもしれません。けれども、子どもは親の所有物ではないのです。一個人、一個性を育てるということです。そう考えると、一大プロジェクトなんだと思います。

仮に「子どもをつくらない」という結論を下した場合でも、四十代の私たちがこの社会にどのようにかかわっていくのか、次世代を育てていくことを含めて、やるべきことはたくさんあります。だからこそ、今後の私たちの生き方について二人で真剣に向き合うことが大切だと考えています。

無我夢中で仕事に打ち込んで一〇年以上経ち、仕事においても、後輩・部下を育てながら私自身が成長し

打ち合わせをする筆者の二人（左・廣田、右・嶋守）

てきました。彼の支えもあって、仕事を通して自分がしたいことや、自分のスタイルをつくり上げてこれたという実感がもてるようになりました。幸いなことに、「廣ちゃん、一緒にやろうよ！」とか「廣田さんと仕事一緒にしてみたい」と声をかけてくれる仲間をはじめとして、どんなことであろうと、私がやると決めたことを全力で応援してくれる家族にも恵まれました。そして今、こうしてこの本を上梓することで、これからどんな人生が展開していくんだろうとワクワクしている自分がいます。そう思える自分に成長できた、と改めて思っています。

現在、結婚を機に「家族」という小さな社会を構築し、新たな自分を発見しはじめています。まだまだ未熟なだけに困難も多いでしょうが、今の私には確固たる「自分」があるわけですから、新たな人生の展開にも前向きに向かっていけるはずです。私が選んだ最愛のパートナーとともに、次の過程を考えたいと思っています。

私たちが思う家族の形を話し合いながら、これからの仕事と二人の生活のあり方、ライフバランスを二人で想像し、話し合いながら進んでいきたいと思っています。これからの経験が私たちの絆を強くし、生活だけでなく、仕事の面においても好影響を与えてくれるはずです。人生をともに歩みたいと決めた彼とだから、また今の私たちだからこそ、二人で乗り越えていけると信じています。

「家族ってね、小さい単位の社会なのよ。社会はね、その家族がたくさん集まったものなのよ」

そう教えてくれたのは私の母でした。その小さな社会を構築する心構えが、今の私にできたのだと思います。四五歳になった今、毎日が本当に充実しています。なぜなら、今までに生きてきた年月のなかに、素敵な出会いや苦い経験、そして楽しい経験があったからです。それらがあってこそ今の私があるわけですから、「今こそ、充実していて幸せだし、楽しい！　今が最高！」なのです。

女性としての生き方、あるいはその輝きは、顔や言葉、表情を通して内面から出てくるものだと思います。その積み重ねが、きっと人生を実り多きものにしてくれるでしょう。「経験」はすべて、今を生きていく、これからのみなさんの作品です。素敵な「作品」で人生をいっぱいにしていきましょう。それは、この本を読んでくれているみなさんだけでなく、この本を書いている私たちも同じです。

みなさんにとって、この本で私が記した言葉が、「自分らしい人生とは何か？」と考えるきっかけになってくれればとても嬉しいです。ここまで読んでくれて本当にありがとうございました。

２人で築く家庭

第II部

親子のきほん

—自閉症のある子どもを育てる「ゆか子さん」のケース

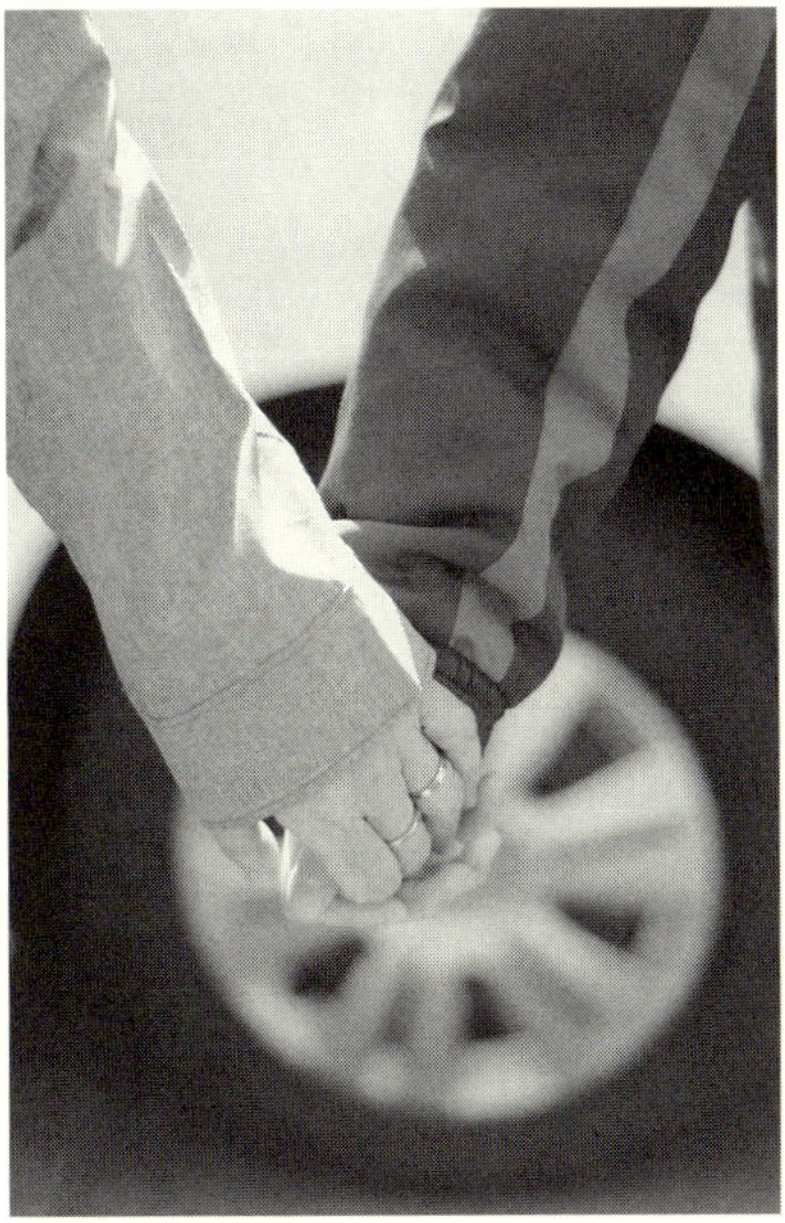

Hold Your Hand

第4章 子どもの幸せのための子育てを考える
——一般的に語られる「結婚と子育て」について整理してみましょう

1 母親は自分の幸せのために、子どもを育てるのではありません

第Ⅰ部では、廣田貴子さんの高校時代から就職、結婚に至るまでのことを見てきました。廣田さんが言うように、日本では「女性の幸せ」が結婚と子育てがセットになって考えられることが多いです。しかし、最近では、「子どもを産まない女性の自由」も語られるようになってきています。

そこで第Ⅱ部では、結婚と子育てから、女性の生き方について考えていきたいと思います。この本の「はじめに」において、私たち筆者は、女性として生きるためには「考えなければなりません」と述べました。では、「子どもを育てる」にあたって、何を「考えなければならない」のでしょうか？

ここで取り上げるのは、「ゆか子さん」という女性の子育てについてです。ゆか子さんは、現

在四八歳。第Ⅰ部で取り上げた廣田貴子さんや、第Ⅱ部以降を執筆する私たちと同じくR40（アラフォー）世代です。現在、高校生と中学生になった男の子二人のお母さんです。ゆか子さんの子育ての話を聞いていると、「子どもを育てるということには、喜びがやはりあるんだなぁー」と私は感じます。

ゆか子さんの子育ては、彼女がずっと参考にしているという児童精神科医の佐々木正美（一九三五～。男性）さんの、次の言葉に集約できると思います。

「子どもを幸せにすることができる」という喜びです。

「いま、この瞬間を、この子が幸せに過ごすことができるようにという育児」をひたすらに積み重ねていく。そのことこそが「この子の幸せになる」――そう佐々木さんは述べています。(1)また、子育ては、ただ自分の子どもだけを育てるということではありません。子どもが「幸せに生きられる世界」を母親がつくっていく必要があります。子育てとは、子どもが幸せに生きられる社会づくりを同時に行うことです。分かりやすく言えば、「嫌だから、苦手だからと、最初

（1）佐々木正美『子どもへのまなざし』福音館書店、一九九八年、二九四、三〇〇ページ。ゆか子さんは、この『子どもへのまなざし』の三冊シリーズ（『続　子どもへのまなざし』二〇〇一年、『完　子どもへのまなざし』二〇一一年、ともに福音館書店）が「私の子育ての基本でした」と言っている。

からすべてをシャットアウトしてしまう生き方を、誰もがしないですむような環境づくりをすることも、子育ての大事な営みだ」ということです。

「いま、この瞬間を、この子が幸せに過ごすことができるように」という佐々木さんの子育て論に心を留めながら、実直に子育てを続けているゆか子さんの子育てにおいてとても重要なことがあります。それは、「子どもの喜びが私の喜び。子どもの笑顔を見ることが私の幸せ」ということです。

　子どもは、母親の努力の成果、あるいは努力の賜物として評価されるべきものでは決してありません。子育ては、母親自らの自己満足のために行うものではないのです。「子どもを幸せにしてあげる喜び以上に親にとって大きな喜びなど、そうあるものではないと思います」と示す佐々木さんは、次のようにも言っています。

「私たちはしらずしらずのうちに、個人主義の生き方を、自分の生きがいを優先するようになってきました。もちろん、自分はこういうことを学んで、こういう仕事をしたい、あるいは結婚をするとかしない、子どもを生みたいとか生みたくない、このあたりまでは、自分の生き方を自分で選択するという意味での、個人主義でもいいと思います。けれど、生まれた子どもをどう育てていくかということについては、個人主義では本当はできないことだと思います」(2)

　子育てにおいて母親は、それまでに自分だけの生き方を大事に尊重してきていればしてきているほど、自らの「個人主義」を改めなくてはならない。ただしそれは、それまでの仕事を中心としたライフスタイルを一変させなければならない、ということではありません。子どもと接する時間が少なくても、母親が子どもにとって「一番、自分を愛してくれる、安心できる存在」であると子どもが確信していれば、一緒に過ごす時間の長短は問題にならない、と佐々木さんは言っています。

こうした佐々木さんの子育て論は、エリク・H・エリクソン(3)が基になっています（詳しくは、あとで説明します）。

「一般論として、現代の親は」と前置きしたうえで佐々木さんは、「自分の生きがいを優先にし、なるべく自分の生活も変えないで育児をしようとしているように思います。ですから、子どもが望んでいるような愛し方をするのではなく、自分が望んでいるような子どもにしたいという育児になって」しまっていると指摘しています。

佐々木さんは、子どもたちが健康で幸福に育っていくために一番大切なことは、「社会的な人

（2）佐々木正美『完　子どもへのまなざし』福音館書店、二〇一一年、二二一、二五一ページ。
（3）(Erik H Erikson, 1902～1994) ドイツ生まれでアメリカに移ったフロイト学派の精神分析学者。人間の発達の段階論（モラトリアム）と自我同一性（アイデンティティ）の理論（自我）で社会学、人類学、心理学をはじめとして文芸理論の世界まで広く影響を与えている。

間関係の発達」だとしています。社会的な人間関係の発達は、子どもたちが最初に出会った人（お母さんやその代わりの人）を信じることからはじまります。子どもたちが最初に出会った人を信じることができるのは、子どもたち自身が「望んだような愛され方」をされることによってのみ、と佐々木さんは強調しています。

佐々木さんが示す「子どもたち自身が望んだような愛され方」とは、子どもの成長の歩みのゆるやかさを受け入れて、まずはその子どもを育てる母親（やその代わりとなる人）がその子のすべてをそのまま受け入れることです。自分の存在が丸ごと受け入れられているという確信があるから、「子どもたち自身が望んだような愛され方」をして育った子どもたちは、自分の周りにいる人も受け入れられるように自然と努力をしていけるようになります。

この世の中は、すべてが善いものではできていませんよね。そうだからこそ、自分の周りの環境に対して「きっと、善いものでもあるのだろう」という基本的な信頼感を子どもたちが保ち続けられるようにしていかなければなりません。「少しくらいのイヤなこと」であれば、少しずつでも受け入れて、生きていける力を身に着けられるようにしていく。そうした努力が思いやりになり、その思いやりが信頼となり、誰もが自分以外の人をいたわり、大事にできるようになっていくのです。

誰もが、誰もを思いやることができる社会がつくられれば、子どもたちは生きやすくなります。

そのためのお手伝いを、母親はその子をただ愛することによって、行い続けていくのです。

自分の子どもが生きやすい社会が、すべての人にとって住みやすい社会となります。そうした社会づくりを実践しようと奮闘し続ける子育てのあり方を、私はゆか子さんという女性から教わってきたのです。

2 「ありがとう」をちゃんと言えること、挨拶ができること

それでは、ゆか子さんの話をはじめましょう。ゆか子さんと私は、今からちょうど一〇年前に、障害者の権利について語る場所で知り合いました。

「障害者の権利」と言っても、読者のみなさんのなかには「よく分からないなぁー」と思う人がいるかもしれません。この本の原稿を書いている二〇一六年には、日本の障害者の権利を語るうえで非常に大きな出来事がありました。それは、二〇一六年の四月に「不当な差別的取扱い」と障害者に対して「合理的配慮をしないこと」を障害者差別だとした「障害者差別解消法」が施行されたことです。ちなみに、障害者に対する「合理的配慮」とは、「障害のある人が困っている時にその人の障害に会った必要な工夫ややり方を相手に伝えて、それを相手にしてもらうこと」を言います(4)。

「障害者の権利」を語る場所において私は、語る人の立場によって、守られて欲しい権利が異なるということを知りました。「皆が平等に尊重される社会の実現を目指す」といっても、立場や利害が異なれば、どうしても意見が対立し合うことを知りました。意見が対立するたびに、語調や語気がどうしても荒くなることがとても残念だなと感じながら、何も語れない自分がいるということを初めて知りました。

そうしたなかで私がゆか子さんと意気投合するようになったのは、彼女が私に、「障害者の権利について語る場所から少し離れてみない？」と提案したことがきっかけでした。誤解してほしくないのですが、私は障害者の権利擁護や障害者差別解消法に反対しているわけではありません。むしろ、期待しています。障害者差別解消法をきっかけに、障がい者だけでなく、この地球上にあるすべての差別が解消されればいいなぁーと私は思っています。

「すべての人が、人として当たり前に尊重される世界を、私たちみんなでつくりたい」

これが私の願いです。けれど、法律や制度が変わるたびに思うのです。「お互いの権利を認めよう！」と大きな声を出せる人や、社会的に注目されて、活躍できる強い人の価値観だけで制度や社会がつくられているのではないか、と。発言しない、また発言できない障害のある人の気持ちをていねいに受け止めているのだろうか、とも思います。

話さないから、何も言わないから、何も考えていないわけではないのです。そんな声が届くだけの社会システムが日本にはないのではないでしょうか。すべての人に、「差別をなくそう」という思いはあるはずです。だから、お互いを察し合いながら、「お互いさまだね」と助け合える社会をつくっていく必要があるのです。私とゆか子さんは、知り合った当時も、そして今でも、こんなことを語り合ってきました。

障害者の権利について語る場所で私は、障害があってもなくても、「人として、人に接するときに大事なこと」といった伝え方を心がけてきました。そんな私をゆか子さんは、「優しい言葉で語る人だと思った」そうです。そのうちに個人的にやり取りをするようになり、ゆか子さんのお子さんが知的障害を伴う自閉症だということを私は知りました。

私は愛知県、ゆか子さんは隣県に住んでいるので、連絡を取り合うようになってすぐに「個人的に会おうよ」という話になりました。「障害者の権利擁護」について研究をしはじめ、許可が得られれば県内だけでなく県外までも、研究費が続くかぎり施設などを私は視察して回り、話をうかがえるとなれば誰にでもインタビューをしていました。

（4）内閣府政策統括官（共生社会政策担当）付障害者施策担当「障害者差別解消法ができました　わかりやすい版」リーフレット。

しかし、分かろうとすればするほど、「どうも大事な核心から外れていっているような気がする」と私は感じていました。そして、分からないことへのもどかしさに、当時の私は疲れ果てていました。そんな私を一目見て、ゆか子さんは何かを察してくれたのでしょう。初めて会うなり、ゆか子さんはとても優しく私をハグしてくれました。私は号泣しました。

そのときに私は、ゆか子さんのお子さんの「ゆうき君」に初めて会いました。

ゆうき君は四歳。その愛らしさときたら、嘘でも何でもなく、私は目まいを覚えるほど驚いてしまいました。そして、「ゆうきは保育園に通っている」と聞いたとき、さらに驚いて言葉を失いました。私はそれまで、「障害のある子どもは障害児の施設に行く」と思

幼い頃のゆうき君とゆか子さん

い込んでいたのです。

「もともと、母子通園施設に通っていたのだけど、保育園にはいれたの。本当に、いろいろあったの……」

ゆか子さんは、ゆうき君に言語障害があるということを私に教えてくれました。

「これから生きていくのに、ゆうきは人の手助けなしに生きていくのは無理でしょう。だから、『この人だけはお手伝いしたくない』と思われないように育てなければいけないと思っていて……」

「それは、どうやって？」という私の問いかけに、「『ありがとう』がちゃんと言えること。きちんと挨拶ができること」とゆか子さんは答えました。

ゆうき君を育てているゆか子さんの言葉を、私はこれからもずっと、「子どもを育てるために大切なこと」として、これからの子どもを育てていく学生たちに伝えたいと、かつて私はゆか子さんに伝えました。すると、「学生さんに、手紙形式で伝えるなら」とゆか子さんは返事をくれました。

それから一〇年という月日が流れ、ゆうき君は保育園を卒園して特別支援学校に進み、今や中学生になっています。

3　人生観が覆されるキス

この一〇年間、ゆか子さんがしたためてくれた手紙は、第5章においてみなさんに示していきたいと思いますが、その前に、ゆか子さんに紹介された「やまちゃん」という女性の話をします。

やまちゃんに直接会ったのは二〇一五年、当時大学三年生だったゼミ生をつれてインタビューにうかがったときです。「やまちゃんは、ゆうきの小学部の担任の先生だったけど、今は教員を辞めた」と、ゆか子さんは言いました。それを聞いて驚いた私は、やまちゃんに率直に尋ねました。

「なぜ、公立学校の先生みたいに安定した仕事を辞めたの？」

ゆか子さんとやまちゃんを囲んでの勉強会

「ゆか子さんとの出会いが衝撃的だったから」と、やまちゃんは即答しました。ゆか子さんとの出会いについては、次のように言っていました。

「人生観を覆されたんです。私は世間的には、『あなたのご両親は立派ね』って言われるような家庭で育ったし、私自身も『立派である』ことがよいことだと信じていました。でも今思えば、私は両親に認められたいがために、両親の意に沿うようなことを懸命にやってきただけです。先生になったのもその流れです。結果、それがよかったこともあるだろうけれど、やっぱり苦しかったです。ゆか子さんとゆう君に出会って、『自分の人生は、自分で決めていいんだ』と思えるようになって、方向転換しました」

やまちゃんは、「人生観が覆された」ことについて、こうも言いました。

「ゆう君は、本当にゆか子さんに愛されてるっていうのがあふれているんですよ。ゆか子さんが学校までゆう君のお迎えに来たときに、二人はみんなの目の前で熱いチュウをして。ちょっと、こっちが恥ずかしくなるような。でも、これが普通なんだろうなって」

横で聞いていたゆか子さんは、やまちゃんの話に「ふふふ」と笑いながら、「いや、普通じゃないよ。一応人前なので、ゆうきには『ここではダメです』と断ったんだけど……強引な感じで」と答えていました。やまちゃんは、さらに続けました。

「普通というか、日常的というか、特別なことじゃないんだよね。ゆか子さんがゆう君を大事にするっていうのは、ゆう君を囲って大事にするというのでもなく、『あれをしたからよい子ね』とか、『これをするから可愛い』っていうような条件なしなんですよね。両親に認められるように、両親の意に沿うことを懸命にしてきた私の経験では絶対にありえなかった、『条件なしで愛される』ことがあるんだということが衝撃だったんです」

学校のお迎えのときに、みんなの前で、ゆか子さんとゆうき君が熱いキスをしていたという話を聞いて、私も確かに驚きました。しかし、やまちゃんの話を聞いていて、「それは共感するなぁ」と思ったことがありました。それは、「両親に、条件つきでなければ愛されないと思っていた」というやまちゃんの言葉でした。

失礼は承知のうえでやまちゃんに年齢を尋ねると、「四〇歳」と答えてくれました。やまちゃんが私やゆか子さんと同じアラフォー世代だと知ったことで、さらに納得しました。それは、アラフォー世代にきっと特有の、母親からの愛され方があったからです。

4　頑張るから苦しい

ゆうき君へのゆか子さんの愛情の注ぎ方が「人生観を覆すほどだった」というやまちゃんの言葉の意味をみなさんに理解していただくために、ここでちょっと回り道をします。その理由は、

「アラフォー世代の私たちが、母親からどのような愛情を注がれてきたか」に注目をしてもらいたいからです。

読者のみなさんは、きっと、これから子育てをすることになるでしょう。あるいは、すでに子育てをしている人、子育てを終えてひと段落している人もいらっしゃるかもしれません。ひょっとしたら、「子どもは産まない」と決めている人もいるかもしれませんね。そんなみなさんに、少し知っておいてもらいたいことや、考えてみてほしいことがあります。

先ほどやまちゃんが、「両親に認められたいがために、両親の意に沿うようなことを懸命にやってきました。結果、それがよかったこともあるだろうけれど、やっぱり苦しかった」と言っていましたよね。「頑張っていたのに苦しかった」、「どんなに頑張っていても、やっぱり苦しい」、これらは、アラフォー世代の考え方において「クセが凄い！」と感じられるものなのです。

アラフォー世代の母親は「団塊の世代」です。ここで少し、『母が重くてたまらない――墓守娘の嘆き』を著した信田さよ子（心理学者）さんの議論を確認しましょう。「クセが凄い！」という考え方を端的に説明してくれているのが、信田さんの「墓守娘」の議論です。読み方は「ハカモリ」です。そして、「重い」のは体重ではありません。団塊の世代の母親だけでなく、ポスト団塊世代であるアラフォー世代の私たちが無自覚にかけ続けている、「私を愛してちょうだいよ！」という強迫観念の「重み」についてここで確認したいのです。

信田さんによると、団塊世代は「狭義には昭和二二年から、二四年生まれ、広義には二一年から二五年生まれ」です。団塊世代の女性たちがお母さんになる前に、四年制大学に進学できたのはわずか五パーセントでした。信田さんによると、四年制大学の卒業生は「同世代のエリートだった」そうです。しかし、大学卒業後に彼女たちを待ち受けていたのは「就職難」でした。「適齢期は二十五歳までと言われた当時の常識もあり、彼女たちの多くは専業主婦にならざるをえなかった。たとえがんばって常勤職を獲得したとしても、結婚、妊娠というハードルを越えてまで民間企業で生き残ることは奇跡に近かった」(5)と、信田さんはその著書で示しています。

就職難だった団塊世代の女性たちは、「見合い結婚から恋愛結婚へと多数派が移行した七〇年代半ばに結婚」しました。当時の結婚のあり方を信田さんは、「恋愛とセックスと結婚の三位一体説をロマンティック・ラブ・イデオロギー（ＲＬＩ）」と呼んでいます（ここからは、ＲＬＩと略記します）。

ＲＬＩを信じて疑わず、多くの団塊世代の女性たちは結婚生活に入っていきました。なぜなら、それが当時の「幸せ」の形だったからです。そうした幸せは、一九七七年の国民生活センターが編集した『生活設計の基本問題』にも定型のように示されています。家族社会的に、それは「家族のライフサイクル」とされました。

家族社会学者の森岡清美（一九二三〜。日本教育大学・成城大学名誉教授）さんは、家族のラ

表３　家族の周期段階別・生活構造の局面別課題例

周期段階		目標	役割体系	消費体系	住宅利用体系
o	新婚期	健康で調和的な家庭の形成 産児計画 長期的基本計画の粗描 生活・人生の見方についての基本的一致	満足できる性関係の形成 機能的な夫婦間役割分担の形成 安定したリーダーシップ・パターンの形成 有効なコミュニケーション・パターンの形成	満足できる安定的な家計の設計 出産・育児費の準備 耐久消費財の整備 長期の家計計画	機能的な住まい方の形成 室内装飾の好みの調整 子ども部屋の準備 長期の住宅計画
a	養育期	乳幼児の健康な保育 第２子以下の出産計画 長期的基本計画の再検討	育児のための夫婦の協力パターンの形成 夫婦の役割分担，リーダーシップ・パターンの再調整 子どもによる役割分担の開始	子どもの成長に伴う家計の設計 教育費・住宅建設費を中心とした長期の家計計画の再検討	子ども部屋・遊戯空間の設計 長期の住宅計画の再検討
b c	教育期	子どもの能力と適性にみあった就学 妻の再就職と社会参加の活発化	子どもの成長に伴う両親の役割の修正 夫婦関係の再調整 子どもによる役割分担の前進	教育費の計画 住宅建設費の再検討 子どもの成長に伴う小遣いの設計 夫婦の教育費の設計 異居老親への仕送りの設計 妻の再就職による収入計画	子どもの勉強部屋の設計 夫婦のプライヴァシーを確保する部屋の設計 長期の住宅計画の再検討
d e	排出期	子どもの能力と適性にみあった就職 子どもによる幸せな生殖族の形成	親として子どもの離家を支える役割 子どもの離家後の夫婦関係の再調整	子どもの結婚資金の準備 老後のための家計収支の設計	子ども離家後の住宅利用パターンの修正
f	向老期	安定した老後のための生活設計	子ども夫婦との役割期待の調整 祖父母としての役割の取得	定年後の再就職の設計	老夫婦むきの住宅改造
g	退隠期	老後の生きがいと楽しみの設計	子ども夫婦との役割期待の再調整	収入が細まった老後の家計の設計 遺産配分の計画	老夫婦むきの住宅利用
h	孤老期	ひとりぐらしの生活設計	子どもによる役割の補充	ひとりぐらしの家計の設計 遺産配分の計画	ひとりぐらしの住宅利用

資料：国民生活センター編『生活設計の基本問題』1972年、130～135ページを参考に作成。

出所：森岡清美『家族周期論』培風館、1973年、344～345ページ。（一部割愛）

イフサイクルは個人、そして家族の一生には「規則的な推移があることを前提とし、暗黙のうちに家族は一様に同じライフサイクルを歩むことを想定」されていたと言います。その「考え方は一定の成員構成と家族規範を前提にするとき、何年か先はおろか、何十年か先の目標と課題さえも、かなりの精度をもって予測することができることから、周期段階の安定的移行と周期の世代的再生産を約束する長期的計画が可能になる」(6)とされていました。

このような理由で、家族のライフサイクル論は一九六〇年代から一九七〇年代にかけて「高く評価」され、「生活設計のうえで広く家族のモデル・コースを提示した点に、当時その有用性が認められた」と言います。団塊の世代が描く家族の幸せのモデルが「ライフサイクル論」であり、それは前ページに掲載した**表3**のように示されていました。

また、**表3**を作成するにあたって森岡さんが参考にしたという「都市勤労者核家族の主婦の生活課題」(7)にも、「家族の生活時間は夫の勤務時間を中心にして設計することがたいせつ」と明記されています。当時の女性の生活時間が、現在よりも夫を中心にしたものであったことが読み取れます。

5 団塊の世代のRLIから私たちは生まれた

さて、団塊の世代のRLI（ロマンティック・ラブ・イデオロギーです、念のため）というライフサイクル論が隆盛を極めていた一九七〇年代、アラフォー世代の母親たちは、「就職の困難さと相俟って、専業主婦となることが中産階級のステータスという価値観も支配的」でした。彼女たちはこぞって、「民主的で、夫婦も親子も対等で、愛によって結ばれた近代家族」を夢に見ていたのです。けれども、その期待は、幸せになるために入った家庭で見事に裏切られることになりました。

「核家族の中で繰り広げられたものは、孤立した育児と、対等どころか旧態然とした性別役割分業を基盤とした日常生活だった」(8)

幸せな家庭をともに築いていくはずだと信じていたというのに、家庭には常に「協力者の夫は

---

(5) 信田さよ子『母が重くてたまらない　墓守娘の嘆き』春秋社、二〇〇八年、六五〜六六ページ。
(6) 杉井潤子「ライフサイクル」畠中宗一編『よくわかる家族福祉（第二版）』ミネルヴァ書房、二〇〇二年、一三六〜一三七ページ。先の引用文も同。
(7) 国民生活センター編『生活設計の基本問題』至誠堂、一九七二年、一三一ページ。
(8) 信田さよ子、二〇〇八年、六六ページ。

いなかった」のです。自分の収入で家族を扶養してきた団塊の世代の夫たちの「優先順位の第一は疑いもなく仕事だった。仕事を精一杯すること＝妻や子どものためである、という等式は、仕事と家庭の予定調和そのもの」だった、と信田さんは示しています。

「（団塊の世代の夫たちにとって）家族への責任意識が少しは彼らの足かせになったかもしれないが、いっぽうで妻子という援軍が仕事を支えてくれたことも事実だろう。だから、二四時間戦えますかと問われれば、イエスと答えたに違いない。わき目も振らず働いているあいだは、家族に何が起こったか、妻が何を考えているかなど別の世界だろう。妻と子から見れば、夫は別の世界に生きる異邦人である[9]」

「二四時間戦え」るということは、つまり夫は二四時間、家庭にいないということを意味します。こうした団塊の世代のRLIと団塊の世代の夫婦のすれ違いについて信田さんは、「いま望むこと」という文章を引用しながら、次のように示しています。

「（団塊の女性が夢だった結婚生活）残念ながら、その輪に夫という存在は加わっていなかった。理解しあうための虚しい努力は、もう遠い昔に断念した。そんな私の断念に夫が気づいていないとしたら、それこそ悲劇なのだが、それについて考えることも断念している[10]」

　この世代の多くの男性たちは、「企業で働き続けながら、いつの間にか感情を語ることばを失い、ひたすら判断と方針と命令だけの言語体系で生きるように」なり、その妻たちは「いつのまにか感情をもった存在としての夫を期待しなくなって」いきました。

「夫に何も期待しなくなった妻は、裏切られた悲しみや寂しさも感じなくて済むはずだ。抵抗や反撥をしなければ夫は機嫌がいい。だから、口先だけでハイハイと言うことを聞いていればいいはずだ[11]」

ここで信田さんは、「しかし、これですべてが丸く収まりはしなかった」と言います。

「期待していないはずの夫に対する不満は、誰が受け止めているのだろう。不承不承の服従のつけは、誰に向かって吐き出されるのだろうか。たぶんそれは、友人でも実家の母でもなく、一番安全な聞き手の娘に向けられるだろう[12]」

こうして団塊の世代の女性たちは、その娘のアラフォー世代である私たちに「母が重くてたまらない」という思いを抱かせることになりました。「母から離れたい、でも母を捨てるのはしのびない」という葛藤にさいなまれる娘たちの姿を、信田さんはご自身のカウンセリングでたくさん見てきたそうです。そして、「娘が同性の親に感じる名状しがたい重さ、母が微に入り細に穿

---

(9)　信田さよ子、二〇〇八年、八二ページ。
(10)　信田さよ子、二〇〇八年、七〇ページ。
(11)　信田さよ子、二〇〇八年、八五ページ。
(12)　信田さよ子、二〇〇八年、六八～七一ページ。

って娘に忍び込んでくる支配のテクニック」[13]に関心をもつようになったと示しています。

信田さんは、支配の仕方で母親を次の六つの型に分類しています（括弧内は私が簡単にまとめた娘の姿です）。

❶独裁者としての母――従者としての娘（ひたすら母に尽くす）
❷殉教者としての母――永遠の罪悪感にさいなまれる母（自責し続ける）
❸同志としての母――絆から離脱不能な娘（母のプライドを満たし続ける）
❹騎手としての母――代理走者としての娘（母の理想の人生を生き直す）
❺嫉妬する母――芽を摘まれる娘（母と同じ苦労をして、母を満足させる）
❻スポンサーとしての母――自立を奪われる娘[14]（お金で恩を着せられる）

つまり、娘はできがよくても認められず、悪ければ自分が悪いと責め続けるのです。母親は年をとればとるほど、「もう長くないかもよ」と、「年齢をかさにきた脅しとひがみで娘を操作し、最後はひらき直って無邪気を装う」のです。あくまでも無邪気に悪びれもせず、「あなたのためよ」と、自分の人生を娘に捧げた犠牲者・被害者として、母は死ぬまで、いや死んでも娘を支配し続けていくのです。

何をしても、お母さんは私を認めてくれないというアラフォー世代の娘たちの嘆きと諦め。しかし、どこか母親に対して、「娘たちにも大きな罪悪感や申し訳ないという気持ちがあって、少しでも親の期待に応えようと思ってさらに墓穴を掘っていく」のです。少々乱暴すぎるかもしれませんが、信田さんの墓守娘の議論はこのようにまとめられます。信田さんの議論を読めば、きっとやまちゃんや私のような多くのアラフォーの娘たちが、「これ、当たってる！」とか「あら、ほぉ～！　なるほど」と、自分の心にある暗い穴の淵をなぞりながら納得するのです。

6　I《アイ》メッセージで伝える——支配するから不幸なんだよ

しかし、どう考えても、「私が悪いんだから」と自分のことをずっと責めて、「ありのままの自分は愛されないんだ」なんていう思いに支配され続けるなんて不幸ではありませんか？　読者のみなさんなら、そろそろ「ありのままの、自分になるの」と歌うことにも飽きているはずですよね。

信田さんの議論がとても面白いのは、こうした墓守娘たちの嘆きに対する現実的な処方箋をて

(13)　信田さよ子『それでも、家族は続く　カウンセリングの現場で考える』ＮＴＴ出版、二〇一二年、一九二ページ。
(14)　信田さよ子「家族愛幻想、その根っこにあるもの」『談』第一〇一号、二〇一四年、三九～五七ページ。

いねいに示していることです。そして、その実現の仕方が、この本で取り上げるゆか子さんの「子育てのあり方」であると私は思うのです。それは、自分が大事にしている思いを、相手に「Ｉメッセージで伝える」ということです。

愛をこめて、「私はね」とＩ《アイ》を主語にして伝えるコミュニケーションのあり方が「Ｉメッセージ」です。何かを言って期待を裏切りたくないとか悲しませたくない――そう思ったときにこそ、信田さんが言うＩメッセージは威力を発揮するのです。信田さんは次のように言って、クライアントさんを勇気づけているそうです。

「反応を気にしないことです。きっとこう言うだろうとか、否定するに違いないなどといった相手の反応を気にしないようにしてください。言えればそれだけで一〇〇点なんですよ。掛け捨ての保険だと思って実行しましょう」

相手の反応を恐れて、恐怖で何も言えなかったとしても、Ｉメッセージで自分の思いを相手に伝えてみると、「不思議なことに、予想したような反応が返ってこないことのほうが多いのだ」そうです。相手が自分の言葉で取り乱すかもしれないと思い込んでいた「恐怖に根拠がなかったことに気づくと、さらに自分の感情や意志を伝えることが容易になる」(12)のだそうです。

Ｉメッセージで伝えることは、「このように『相手の反応を気にしない』というコミュニケーションの断念を意味している」と信田さんは述べています。それは「相手の期待を生きようとすること」、つまり「愛されようと」努力をし続けてしまう、プレッシャーまみれの自分のあり方を自ら手放すことでもあります。

だからまず、自分の「考え」ではなく、自分が今、どう「感じて」いるのかを感じきること。そして、その感情を相手に「Ｉ」を主語にして伝えていくこと。そこから、自分の周りの人たちとの関係を一つずつつくり上げていくのです。母親がまずそう意識して子どもとかかわっていくことで、愛されていることを心から信じて疑わない、ゆうき君のような可愛い子どもが育っていくのだなーと、ゆか子さんが書いてくれた「子育てについての手紙」を学生さんといっしょに読みながら、毎年感じています。

この本を読んでくれているみなさんの多くは、保育者や教育者を目指していることでしょう。そして、いつかはみなさんもきっとお母さんになるかもしれないし、お母さんにならないことを選ぶ人もいるかもしれません。けれど、どんな人であっても、「子どもを一人の人として、大切に育てていく母親の思い」をゆか子さんの手紙から理解してほしいと思います。そして、自分にとって、かけがえのない大事な人に「Ｉ《アイ》メッセージ」で、何をどんなふうに伝えていきたいのか、それを考えてみてほしいと思います。

---

(12) このページの引用は、信田さよ子、二〇〇八年前掲書、一四四～一四五ページ。

第5章

親子の「きほん」を考える
――ゆか子さんが書いた一〇年間の手紙から考えよう

1　セレンディピティという考え方

ここでは、ゆか子さんによるゆうき君の子育てから、「親子のきほん」について考えてみたいと思います。その教材は、私が教えている保育や社会福祉を学ぶ学生さんに向けて、ゆか子さんがこの一〇年間にしたためてきた手紙です。その手紙に私の解説を付けていきます。その理由は、みなさんに、ゆか子さんの考え方や行動で注目してほしいところがあるからです。

さて、ゆうき君の子育てを考えるにあたり、最初にみなさんと確認しておきたい言葉に「セレンディピティ（serendipity）」というものがあります。「セレンディピティ」[1]とは、『セレンディップの三人の王子』という童話を読んだホレス・ウォルポールの言葉です。

「旅の途中、いつも意外な出来事と遭遇」する三人のセレンディップ（スリランカ）[2]の王子たちが、「彼らの聡明さによって、彼らがもともと探していなかった何かを発見する」という物語から、「セレンディピティ」とは、「何かを偶然発見する能力」とか「探し上手」という意味で使われています。

この「セレンディピティ」について、二村ヒトシ(3)さんが非常に分かりやすく説明をしてくれています。二村さんは、『なぜあなたは「愛してくれない人」を好きになるのか』（イーストプレス、二〇一四年）という非常に面白い本を書いています。この本の基本となる考え方は、第4章で示した信田さよ子さんの「墓守娘」とほぼ同じです。信田さんの本の内容が、非常に分かりやすく、噛み砕かれて説明されています。

二村さんの論理は非常に明快です。愛し方、愛され方のきほんは親子関係にあり、恋愛がうまくいかないなぁと思うのなら、きっと「あなたは親との関係でうまく処理できなかったものを、いまの恋の相手との関係で『再び感じる』ことで、乗り越えようとしている」はずだと言います。

二村さんと信田さんの議論を簡単にまとめれば、娘は母親に育てられる過程で、「（長い間、夫が不在で、家庭に放置されてきた団塊の世代の母親が夢見てきたようには）愛してくれない」夫

（1）（Horace Walpole, 4th Earl of Orford, 1717～1797）イギリスの政治家、貴族、作家。ゴシック小説『オトラント城奇譚』で知られる。初代首相、ロバート・ウォルポールの三男。
（2）竹内慶夫編訳『セレンディップの三人の王子たち』偕成社文庫、二〇〇六年。
（3）（一九六四～）日本のＡＶ監督・ＡＶ男優で作家。『恋とセックスで幸せになる秘密』（イーストプレス、二〇一一年）などの著書がある。

への強い思いが向けられる対象となり、夫への失望が強ければ強いほど、母親の思うがままの「自己愛的な」愛が娘に注がれ、その結果、娘の「心の穴」が開けられてしまう、となります。

二村さんは、「すべての人間の心には穴があいています」と言います。

「良い親であっても悪い親であっても、ごく普通の親であっても、すべての親は、なんらかの形でかならず子どもに心の穴をあけてしまうものなんです」（前掲書、一二六ページ）

子どもを育てるならば、誰だって「良い子になって欲しい」と望みます。そうした願望自体には何も問題はありません。問題なのは、その願いが母親自身によって、我が子は「良い子であって欲しい」、さらにその思いが強すぎることで、我が子が「良い子でなければならない」という強迫観念になってしまうことです。母親の自己愛、プライドを満たすための手段・道具として、子どもが「もの」のように扱われることが問題であると言いたいのです。

冷たいことを言うようですが、相手が彼氏、夫、ましてや我が子であっても、「愛して欲しい」、「良くなければ認められない」という自己中心的な欲望を一方的に押しつけることはできません。大人であっても、子どもであっても、相手は一人の人間です。どんな人に対しても「自分が思うように愛してくれ」と要求して従わせるならば、それはただの「支配」でしかありません。誰もが、誰かの支配に屈する奴隷でも所有物でもないのです。

二村さんは、自分の思うとおりに愛されなくて凹んでしまう原因は、その女性の「心の穴」にあると言っています。二村さんは優しく語りかけています。相手に思うように愛されない自分に失望しきって、心にぽっかりと空いた穴の淵を独りでなぞり続けることをまずは止めましょう。何が起きても、「悪いことが起こった」とは思わずに、「つねに事態を良い方にとらえて、味わって、それが自分に与えてくれる意味を感じ、受け入れ」ていきましょう――と。そのほうがずっと、何でも物事がうまく進んでいくから、今を受け入れてみよう――とも言っています。

このように論じながら、二村さんは「セレンティビティ」を次のように説明しています。

自分で「私は運がいい」「人生、快調」と本気で思えている人は、いま目の前で起きていることを楽しめて面白がれる人です。計画した未来ではなく、現在の「起きた出来事」の中に、幸せや新しい価値を発見する能力を持っている、ともいえます。

そういう能力や感覚のことを「セレンディピティ（serendipity）」といいます。(4)

毎日の暮らしのなかで起きた一つ一つの出来事に、「幸せや新しい価値を発見する」という「セレンディピティ」について確認したところで、ゆか子さんの手紙を読んでいくことにしましょう。

（4）二村ヒトシ『なぜあなたは「愛してくれない人」を好きになるのか』文庫ぎんが堂、二〇一四年、一六〇ページ。

2 ゆか子さんのセレンディピティ——保育と社会福祉を学ぶ学生さんへの一〇年間の手紙

現在、ゆか子さんは、高校生のお兄ちゃんと中学生のゆうき君のお母さんです。ゆうき君は、四歳のときに重度の知的障害を伴う自閉症と診断されました。三歳になる少し前から母子通園施設[5]に通い、その後、地域の保育園に入りました。

現在は、特別支援学校中学部二年生になっています。小さいころからゆうき君はモノを隠すなどのいたずらが大好きで、何か面白いと思うことがあると、一か月ほど熱中して取り組むという本当に可愛い男の子です。

ゆか子さんのセレンディピティの力を私が強く感じるのは、「ゆうきが私の子で本当に幸せ！」という言葉からです。

「ゆうきを育てるなかでというより、子育てには苦痛も楽しみも、どの子にもあることなので特別なことはないと思います。ゆうきが私の子どもで、私は本当によかったと思います。自分の無力さに落ち込むことばかりで、今でも分からないことばかりです。でも、ゆうきの存在によって、生きる世界がそれまでのものとまったく意味が変わりました」とニコニコと笑って、「実は、小さいときはお兄ちゃんのほうが夜に寝ないので大変でした。ゆうきは夜ちゃんと寝る子どもで、そういう意味でとても楽でした。最初に育てにくいって思えたことがむしろ、ラッキーでした。

私にとってはね」と、いたずらっぽく微笑んで言います。

それでは、具体的に手紙の本文を見ていきましょう。これらに先立って、ゆか子さんが五歳のゆうき君の目線から手紙を書いてくれましたので、その手紙をまず読むことにしましょう。この手紙は、ゆうき君がどのような状況であったかをみなさんに理解してもらうために、「そう書いたほうが分かりやすいかなと思って」と書いてくれたものです。ゆうき君が生まれて、保育園を卒園するまでの状況を確認してください。

（５）　心身障がい児とその保護者に対し、通園による集団療育の場を与え、心身障がい児の自主性と社会性を高めることによって日常生活への適応能力の増進を図る施設のこと。

お兄ちゃんとゆうき君

一通目――母子通園施設から保育園まで

五歳のゆうき君からの手紙（ゆか子さん作）

ぼくは、ゆうき。一〇月で五歳になったよ。お手紙書いてるけど、本当はね、ぼくは一言もお話ができないんだ。いくつか障害があるらしい。ぼくは、パパとママと小学校三年生のお兄ちゃんと四人で暮らしているよ。

ママはぼくが生まれたとき、おしりに小さなくぼみがあることや、かなり頑固でおっぱいを上手に飲まないことを心配していたけど、そのときはお兄ちゃんも幼稚園の年少組で大変だったみたいだから、ぼくはほったらかし。(笑) ぼくはおとなしいし、お兄ちゃんと違って早寝早起きで、ママは「おりこうさんね」ってよく頭をなでてくれたし、ママのお友達もいっぱいほめてくれたよ。

いつもママが出かけるとき、ぼくを背中におぶっていたんだ。春にはツクシをとったり、お兄ちゃんの参観日も！　いつもぼくはママといっしょ。それは嬉しいんだけど……嫌なこともあったんだ。

お休みの日に、なんとかショーに連れていってくれるんだけど、実は、ぼくはそういうのはすごく苦手。大きな音や、大きな人形？　人間なの？　でも、ママは気付いてくれなかった。

怖かったよ。気が狂いそうになって、泣きながら耳をふさいだよ。そしたら……少し変だって気付いてくれたみたい。

ぼくはそのころ生まれてから一〇か月。それまでは、ご飯を食べるときは「いただきます」のポーズをしたり、「バイバイ」と手を振るようになっていたんだけど、だんだんと……しなくなっていった。どうしてか分からない。

ママは心配になってお医者さんに聞いた。そこから、僕の障害児としての生活がはじまったんだ。一歳六か月のとき、病院で先生と遊んだり、勉強したり、時々先生は僕の苦手なことしてきたり、市の発達センターって所で同じくらいのお友達とお母さんと一緒に唄を唄ったりダンスをしたりしたよ。

ママは、いつかみんなに追いつくと思っていた。おしりのくぼみも気になっていたから、大きな病院で頭と腰のＭＲＩをとったよ。先生は「一応、今のところいいけど。こういう子で突然歩けなくなることもあるから」と言ったみたい。

ママはだんだん、ぼくがごく普通の生活をする事は無理なのかもしれないと思いはじめていたみたい。ママは泣いてた。芝生で走って遊ぶとか、できないかもねって、つぶやいてた。その病院には障害がある大人の人が暮らしている病棟もあって、待合室で待っているとき、上半身だけしか動けない子が一生懸命、床を這っていたよ。

そのときママは、後悔しない生き方をしようと決心したらしい。いっぱい本を読んだり、有名な先生の話を聞きに行ったりしてた。でね、その結果、ママはたくさん遊んで、楽しい経験、いっぱいしようよ‼　と思ったらしいよ。

どれだけ悩んでも、泣いても、変わらないもん。ぼくはぼく。

いろいろ療育、療育！　って怖い顔して押しつけられてもね、人嫌いになりそうだし。よかった、そう決心してもらえて。必死な顔は怖いんだもん。何かさせられそうって思うだけで、ぼくは逃げたくなってしまうしね。

ぼくは三歳になる少し前に、母子通園施設って所に通うことになったよ。そこでは、保育園と同じようなことをしながら、ぼくたちみたいな子が九人と先生三人で過ごすんだ。みんな先生は優しいんだけど、ぼくはなかなか慣れなくてよく泣いていたよ。だって、いろいろ嫌なことをしないといけないんだもん。

一番嫌だったのは、お昼ご飯のときに、僕はママとは別の部屋にいないといけないって言われたこと。ぼくはたくさん泣いた。全然涙が止まらないから、ママもぼくがこんなに泣いているのにどうして一緒じゃいけないのかなぁって思っていてくれて、先生にお願いして、ぼくだけはママと一緒にいられることになった。そしたら、ほかのママに「えこひいき」だって言われ、ママいじめられちゃったよ。障害児のお母さんって……ママは苦手らしい。（笑）難しいんだね。

でもママは、実はすごく頑固。（笑）ぼくのためになると思ったことは相手が先生でも、絶対譲らなかったよ。ケンカはしないよ。いつもいつも頭を下げて、ママはお願いをしていた。どれだけまわりのお母さんや先生から「過保護」って言われても、ぼくの一生がかかってるって思ってね。

ママのポリシーは「楽しく」だもん。小さいときは、「とにかく人と仲良くするって楽しいんだ」ってことだけ感じて欲しいって、ぼくにもいつも言ってる。嫌なことをたくさんされて、ぼくが「人が近づくと嫌なことされるって、思ってしまうと困るから」ってほかのママに話していたな〜。でも、そういうわりには、よくぼくはママから怒られているんだけど！（笑）

そんなわけで、ほとんど毎日、一年半、ママと一緒に通園してた。ホントは三か月目から、ぼく一人で通園バスで通うのが決まりだったんだけどね。

人と違うことするのって、大変だね。みんなと同じようにできないからぼくは、そこに通ってたんだけど、そこに入ったら、そこの中のみんなと同じようにすることを求められる。大人っておかしいよね。ぼくはそこではいつも不安で、ママがトイレに行くだけでも、ぼくは大泣きでママに走ってついていってた。

ママは無理矢理させるのが大嫌い。ママも、無理矢理何かさせられるのが嫌いみたいだし。

だから、ここで給食を口に押し込まれるのもいやだったし、ぼくがトイレでいつまでも立たせられるのもいやだなぁ、って思っていたママは、ぼくを安心して預けられなかったんだね。

でも、ママは先生には感謝してるんだって。やり方が違うだけで、「その子のために」っていう気持ちはよく分かってたって言ってたもん。それに、なかには、ぼくのママの味方になって応援してくれる先生も何人かいて、ママはその先生たちにはとっても感謝してるよ。

でね、ぼくがお友達のことをよく見て、いろんな真似をするようになってきたのを見ていたママは、保育園に行ったほうがお友達がたくさんいていいなぁと思ったんだって。障害児のお母さんとのお付き合いにも疲れていたのもあるしね。

ママはいろんな所でたくさん頭を下げて、ぼくも発達センターでの面談もなんとか通過して、この春から近くの保育園に通えることになったんだ‼　ぼくのために若い先生が一人ついてくれるって、園長先生が約束してくれたしね‼

四月になったらね。ぼくは何度もママから「一人で保育園通うんだよ」って言われていたよ。分かってたんだけどね。でも、いざとなると泣いてしまったよ。それがね……五分だけ。（笑）

一年半の間、ママじゃないとずっと泣いていたのに、五分でニッコリだよ。ぼくの先生は（解説注：私が所属する大学と同じ法人の）短大の保育科卒業なんだよ！　みんなの先輩ってスゴイね！　ずっと先生をママの代わりだと思って保育園にいたから、ぼくは一人でもへっちゃらだった。お友達もきりん組は三七人もいるけど、みんな優しいし。途中、先生がほかのお友達の先生になって「どうしよう……?」って思ったけど、どこにいても、先生はぼくのこと気にしてくれるのが分かって安心したよ。

今は、どの先生がぼくの先生になっても全然平気！　みんな優しくて大好き!!　保育園には先生がたくさんいるんだけど、とくにクラスの先生の三人は大好き。時々、チューもしちゃう！　おしりに抱きついたり、エプロンの中に入ったり、おっぱい触ったり。(笑) ものすご〜く先生が大好き。担任の先生も副担任の先生も、「ゆうちゃん大好き」って抱きしめてくれる。ぼくは幸せなんだ。

ぼくは、時々「こうでなくちゃイヤ」ってことがあるんだけど、先生はそこをほめてくれるんだよ。たとえばね、トイレのスリッパを並べる順番とか、カーテンをお昼寝のときに閉めることとかね。先生は、「お手伝いありがとうね。上手だね」ってみんなで誉めてくれるよ。それに、ほかのクラスの先生にも、挨拶タッチをしにぼくを連れていってくれたりね。担任の先生は、そうやって僕がいかに可愛いか、宣伝して歩いてくれるんだよ。おかげでぼくは、どの先生にも優しくしてもらえるんだ。今、保育園でみんなに可愛がってもらえるのは、本当にうれしいよ。

ぼくは、人が大好き。みんなぼくの味方、そう思えるもん。

ママは、ぼくが大人になっても、誰かに助けてもらわないと生活できないんじゃないかなぁと思ってるから、ぼくが相手の人にちゃんと挨拶できて、「ありがとう」って言える人になってもらいたいって思ってるんだって。その人に好きになってもらえなくても、「あの人のサポートはしたくない」って言われないような人にはなってもらいたい、って願ってる。だからね。ママは挨拶には、毎回きっちり少しうるさい。ぼくは「おはよう」なんて言えないから「お・あ・よ・お」とかになってしまうけど。

いつか……この話しを聞いてくれてるお姉さんと会えるといいなぁ。そのときを楽しみにしているね。ばぁい、ばぁい。

次に、ゆうき君が五歳のときに書いてくれた手紙を見ていきましょう。「母としての思い」と題されたこの手紙には、ゆうき君を育てるために大事にしてきたことや、どうしても譲れなくて守り通したことがしたためられています。それは、「早期療育」の重要性です。

母としての思い

私は、障害があるから周りが優しくしてくれて当然だと思うのはおかしいと思っています。健常者は自由な体をもっています。でも、だからといって、健常者が不自由な人を助けるのは当然ではありません。健常者であろうと障害者（便宜的に「障害者」と表記します）であろうと、そのときに困っている人がいたら、少し余力のある人がその人を助ける。それは健常者側からの一方通行ではなくて、重度の障害のある人でも、時には誰かを助けられると思っています。障害があるとかないとかではなく、人には誰にでもそれぞれ得手不得手があります。何かができないからかわいそうな人ではなく、お互いのできないところ、苦手なところを助け合う社会になるといいなぁと願っています。

子どもたちには、助けてもらったときには「ありがとう」って言える人になって欲しい。そのほうが気持ちがいいです、お互いね。人と一緒に気持ちよく過ごすことって、とても大事ですから。

私たち親子は、ゆうきが三歳の誕生日の少し前から保育園でいう年少までの一年半の間、「知的障害児母子通園施設」に措置されて通園していました（自立支援法以降は「措置」ではなくなり、契約になりました）

脳は出生時四〇〇グラムで、六か月で八〇〇グラム、七歳で成人の九五％の重さになると言われています。一〇歳の壁ということもよく言われます。それ以降は発達しにくいという意味で使われますが、まったく伸びないわけではなく、小さいころのほうが伸びが大きいという意味で使われています。早期療育の必要性は、このことからも大変重要だと思っていました。

知的障害児母子通園施設は定員がいっぱいで、半年ほど待機してようやく入れました。しかし、そこでの生活は、私が大事にしたいこと、「人への愛着」は重要には思われていないようでした。本当は大事にしたいのだけど、人手が足らなくて、心はあっても対応が難しかったのかもしれません。施設は「身辺自立」、つまり食事と排泄と着替えの自立に一番の重きを置いていました。

身辺自立は確かに大事なことです。自閉症がある子どもたちは、何かしらの状況の変更がなかなか受け入れられないこともあって、「赤ちゃんのときからしてもらっていたことを、なぜ自分がしないといけないのか？」とでも言うような態度で、人が介助をしてくれるのが当然とでもいうようなそぶりでいます。

また、体のイメージがうまくつかめず、どういう指の動きをしたらうまくスプーンを握れるか、どういう膝の曲げ方をしたら靴に足を入れられるかなど、身体的な不器用さももっているので、子どもたちにとってはさらなる困難さとなっています。やろうとしてもうまくできないことが多く、パニックになるのです。

家族だけでは、確かに身辺自立は難しいです。でも私は、それでもなお、まずは子どもたちのいる、まさにその場所が子どもたちが好きな場所、好きな先生がいる場所になって欲しかったのです。

そのためには、先生が子どもに無理矢理何かをさせることは絶対にしてほしくなかった。子どもとの信頼感、「先生が大好き」と子ども自身が感じる関係になれたら、きっと少々の嫌なことでも頑張れるようになると思っていました。

何度も先生と話し合いをしました。「学園の方針を変えて欲しいというわけないのです。うちの子だけには、こういうやり方でお願いしたい」と言い続けていました。

みんなと同じことができないからこの施設に来ているのだ、という私の思い。子どもたち一人ひとりに、個別に対応するための個別支援計画の面談はあるのでしょう？　そう私は思っていましたが、施設の対応は、手厚い職員の配置こそが個別対応・個別支援だと思っているようでした。障害に対して細かな支援をするよりも、世の中に合わせた生活ができる訓練をしに来ている、そんな感じでした。

私も、世の中である程度適応できる力を、最終的には子どもに付けさせたいと思っています。でも、それは、スモールステップで、まず本人に無理なく、小さな力、自信をつけて、少しずつ少しずつ人からの支援を少なくしていくことだと思っています。

しかし、ほとんどの保護者は、家庭での躾は半ばあきらめて、施設にすべてをお任せにする人がほとんどです。そうなると施設の先生方としては、「何とか、ここで身辺自立を」という気持ちになるのでしょうね。親に一番、目に見えて分かりやすい成果であるという点で、どう

しても身辺自立が大きなウエイトを占めてくるのです。そして悲しいかな、子どもを普通にして欲しいと思っているのですね

しかし、施設の先生がいくら頑張っても、家庭で何もしないと子どもは伸びにくいです。たとえば、施設で単独通園のときは少しの介助で食事ができる子でも、母子通園の日に母が近くにいると口を開けるだけ。それは、家では母が子どもの口に食べ物を入れているからなんだろうなと思います。自立を望みつつ、子どもの自立を阻害しているのは親という感じです。子どものやる気を一番に削いでいるのは、親なのかもしれません。

先生方は、よく言えば親に対して、目に見える形で子どもの成長を示すことで子育ての喜びを感じてもらう。根気よく教えていけば必ず成長するという希望を見せたいということだったのかもしれません。また、小学校に入る前に保育所などの健常児のなかに一度は入れてあげたいという願いもあったのではないかと思います。身辺自立できていなければ、入った保育所で疎まれる可能性が高いですから。疎まれるということは、対人関係（先生と子どものラポールが作れない）も悪くなりがちだということになりますから。

たくさん本も読み、セミナーも行きました。いろいろなことを考えましたが、私は自分の考えが間違いだとは思えなかったのです。先生は子どもが施設にいる間だけだけれど、私は、この子が生きている間はずっと見守っていくつもり。できたら、誰かの助けを借りながら世の中

で何とかやっていける力を子どもにつけていきたい。大事な幼児期に、「人って、近づいてくると嫌なことするんだ」って思って欲しくないと強く思いました。

「キライな食べ物でも、こうしてスプーンで口に押し込む」

「泣いても、オシッコが出るまでトイレの前に立たせておけばいい」

「泣いても単独通園させてしまえばいい」

（母子通園施設といっても、入園後数か月で子どもだけが通う単独通園になる）

「お母さん、泣かないで何でもやれるようにしようなんて不可能ですよ」

そう、先生に言われたこともあります。

子どもが感覚過敏でも、無理矢理口に入れるのですか？　無理矢理させたら、トイレの場所がキライになってしまいます。幼児期に母子分離できないのは当然じゃないですか！　少しは泣くかもしれないけれど、なるだけ本人が納得した形にしたいんです。最後に前に踏み出すときに、確かに子どもは泣くこともあるのだけれど、そのタイミングは、失敗したときのリスクもすべて負うから、親の私にやらせて欲しいと願いました。

ましてや施設のクラスのなかは……。気に入らないと噛みつく。抱きついて押し倒す。バンバンと壁を叩いてばかりいる。唾を吹きかける。給食のとき、スプーンやハシで背中を刺してくる。牛乳が飛んでくる。殴られる。給食のナフキンが隠される……。思い出すだけで正直うんざりするのですが、一番小さいゆうきに、ほかの子どもたちの乱暴な行動が集中していました。

こんな状況で、どうしてゆうき一人で単独通園などさせられるでしょうか？　私はゆうきを、先生の無理強いする指導法から守るために、クラスメイトたちの他害行動から守るために、毎日、批判されながらも母子で施設に通園しました。私はゆうきの盾になって、ほかの子どもたちから噛みつかれたり、フォークで刺されたり、唾をかけられたりしていました。

やはり、私はゆうきが年中になるときには保育園に行かせたい。健常児のよいお手本もいる（もちろん、悪いお手本もいますが）なかでゆうきを育てたい、と思うようになりました。

先生方には、ゆうきは場所への過敏もあるし、大勢の人は苦手だから、行けたとしても小さな保育所（園児全員で三〇人とか）だと言われていました。何より、「単独通園していないのに保育所に出たいなどと、何言ってるんだ⁉」という雰囲気でした。

しかし、相談に通っていた大学の先生方や専門機関の臨床心理士の先生のすすめもあり、私とゆうきは地域の大きな保育園に見学に行きました。すると、忍者ごっこをしている大勢の子どもたちのなかで、ゆうきは初めて会う先生に、「ふろしきを首にまいて」とでもいうような身振りでお願いして、保育園で楽しそうに遊びはじめたのです。施設ではあまり見たことのない姿でした。

施設には、私の味方になってくれる先生もなかにはいて（陰で）、大変心強く、その先生方には保育園に出るときも力になっていただけました。こうした経験を通じて、これから障害児に接する仕事に就く人にお願いがあります。

●本人がもともともっている力、伸びようとする力を邪魔しないこと。
●障害があるから「できない」と決め付けて、何でもやりすぎないこと。
●「いつか、できるようになろうね」と心に願いながら待つこと。

全部難しいです。偉そうなことを書いてはいますが、時には私だって手も足も出ます。でもね、家族なんです。「ごめんね」と心から抱きしめれば子どもは許してくれます。お互い完璧ではないのですね。障害児であっても基本は普通の子育てです。どんな子を育てていても葛藤はあります。

しかし、ゆうきがパニックを起こしているとき……頭の中には知識として、「大きな声で怒ってはいけない」「そっと見守る」と理解しているのに、そのすさまじい泣き叫ぶ声に、自分の子であって自分の子が何で泣いているのか分からない。どうして欲しいのか？　「将来どうなるのだろう？」という先の不安や悲しみではなく、「自分の子どもなのに、全然分からない！」と感じた瞬間に、言いようのない自分自身へのやりきれなさや悲しみを感じるのです。毎日そんな日々が続くと、本当に悲しくなるのです。

こうして書いていることは、本当に辛い記憶です。せっかく固まったかさぶたをかき壊している、また血が噴き出してくるような思いでいます。障害があるのかもしれない。いつかみんなに追いつくかもしれない。でも、頑張っても頑張ってもどうにもならない。そんな過去の記憶が押し寄せてきます。

公園などで小さな子が上手にお話している姿や、おままごとをして、見立てて遊んでいる姿を見て、「あー、普通の子ってこんなに小さくてもできるんだな」と寂しい冷たい風が心をつき抜けていく感じに、どう心を保っていいのか分からない日もありました。「ありました」じゃないですね、今でも時々あります。

この悲しみを、どう説明したら、どう言ったら理解してもらえるのか私には分かりません。それでも、施設の先生、保育園の先生、医師、臨床心理士、作業療法士、言語聴覚士などいろんな先生がいつも支えてくれます。話を聞いてくださいます。一緒に、その時間を共有してもらえるだけでも、私の心は救われるのです。

どうか、こういう仕事を選ぶ人には、その人の悲しみ、喜びを一緒に感じられる人になって欲しいと願っています。寄り添って歩いてください。一人じゃないと感じることが、私たちにとって生きる力になります。

長い話を聞いてくださり、ありがとうございました。

まず、一通目の手紙を読みました。読んでみて、みなさんはどのような感想を抱きましたか？　おそらく、「子どもを一身に守る強くてかっこいいお母さん」という印象を抱いたことでしょう。実際、これまでの授業でも多くの先輩に読んでもらってきたのですが、一番多い感想が「ゆうき君への愛、施設や保育士と真剣に話し合いをしている姿がとても印象に残りました。ゆうき君の将来をみすえ、育児に取り組んでいるゆか子さんはかっこいいです」というものでした。

みなさんに、この手紙を読んで考えていただきたいことは、「子どもを一人の人として、大切に育てていく母親の思い」です。ゆうき君のために、ゆか子さんは母子通園施設の先生、発達支援センターの先生、そして保育園の先生方に「私はこうしたい」と何度も頭を下げてお願いしていましたね。そうした場面で、ゆうき君を育てていくために協力をお願いしたい先生方に、「私は」という「I《アイ》メッセージ」で伝えていたことを、みなさんに確認していただきたいのです。

なぜここまで、ゆか子さんは「周りの人や場所をキライになってほしくない」という思いを貫いてきたのでしょうか？　ゆか子さんは、ゆうき君を育てるにあたって、児童精神科医の佐々木正美先生（一〇九ページ参照）の著書やセミナーで学んでいました。自閉症には、脳の発達の障害が広い領域でみられ、「対人関係が結びにくい」、「コミュニケーションがうまくとれない」、「強いこだわりを持つ」という特性があるとされています。こうした特性は、子どもの心や体の成長とともに変化していきますが、「こうすれば治る」という治療法はありません。しかし、本のな

かでゆか子さんは「TEACCHプログラム」のことを知り、希望をもったのです。(6)

一九六〇年にアメリカ・ノースカロライナ州で生まれた「TEACCHプログラム」は、自閉症児・者が施設で生活するのではなく、それぞれの地域社会のなかで自立した生活を営むことができるようにするプログラムです。不適切行動に焦点をあてるというより、適切な技能を発達させることを強調し、自閉症の人自身の適応力を高めると同時に、自閉症の人にとって理解しやすい環境を操作する（構造化）という二つの方向からのアプローチの相互性を重視し、自閉症の人の社会生活上の困難を軽くすることができるとされています。(7)

また、周囲がいつまでもその子の自閉症の特性や困難さに気付かずにいると、その後の経過が悪くなるとされています。そのような理由から、できるだけ早く、ゆうき君の性格や特性を尊重しながら、社会で問題なく暮らしていけるように環境を整え、本人の適応力を育てていきたいとゆか子さんは考えたわけです。

佐々木先生の成長と発達についての考え方は、エリク・H・エリクソン（一一一ページ参照）という精神分析家の議論が基になっています。「人間にはそれぞれの時期に成熟していくための、あるいは発達していくための主題がある」と、いいます。その成熟や発達の主題は成長過程において一つずつ達成していかなければならず、重要なことは何よりも、「愛情が精神と身体の発達にとって、最も重要である」(8)とされていることです。

エリクソンはまず、〇歳から三歳くらいまでの乳幼児期には、基本的な信頼感を子どものなかに育てることが必要だとしています。とくに母親との関係においてですが、乳幼児期の子どもには子どもの望むような愛情をかければかけるほど、子どもは自分自身の安全感と周囲の人に対する信頼感を豊かにもつことになります。子どもが望んだことを望んだとおり、十分にしてあげると、人を信じる力と自分を信じる力、そして自信を同時に身につけることができます。

自信と意欲は表裏一体であるため、この基本的な信頼感がしっかりと子どもにでき上がれば、その後の発達段階においても、自分から「やりたい」とか「やってみよう」という自発性やその意欲が育っていくのです。

ゆうき君には、場所や周りの人に対する「過敏」があります。だからこそ、基本的な信頼を育てる乳児期から幼児期において、「人が寄ってくると、イヤなことをされる」という経験をしないことが必要でした。だからゆか子さんは、母子通園施設で頭を下げてまで、基本的な信頼を育てることを阻害するであろう環境からゆうき君を守ってきたのです。

（6）佐々木正美監修『自閉症のすべてがわかる本』講談社、二〇〇六年。
（7）佐々木、二〇〇六年、四八～四九ページ他、佐々木正美編集『自閉症のTEACCH実践』岩崎学術出版社、二〇〇二年など参照。
（8）佐々木正美『生き方の道標　エリクソンとの散歩』子育て協会、一九九六年。

図1　わが子が「自閉症」と診断されるまでの母親の経験の構造と過程

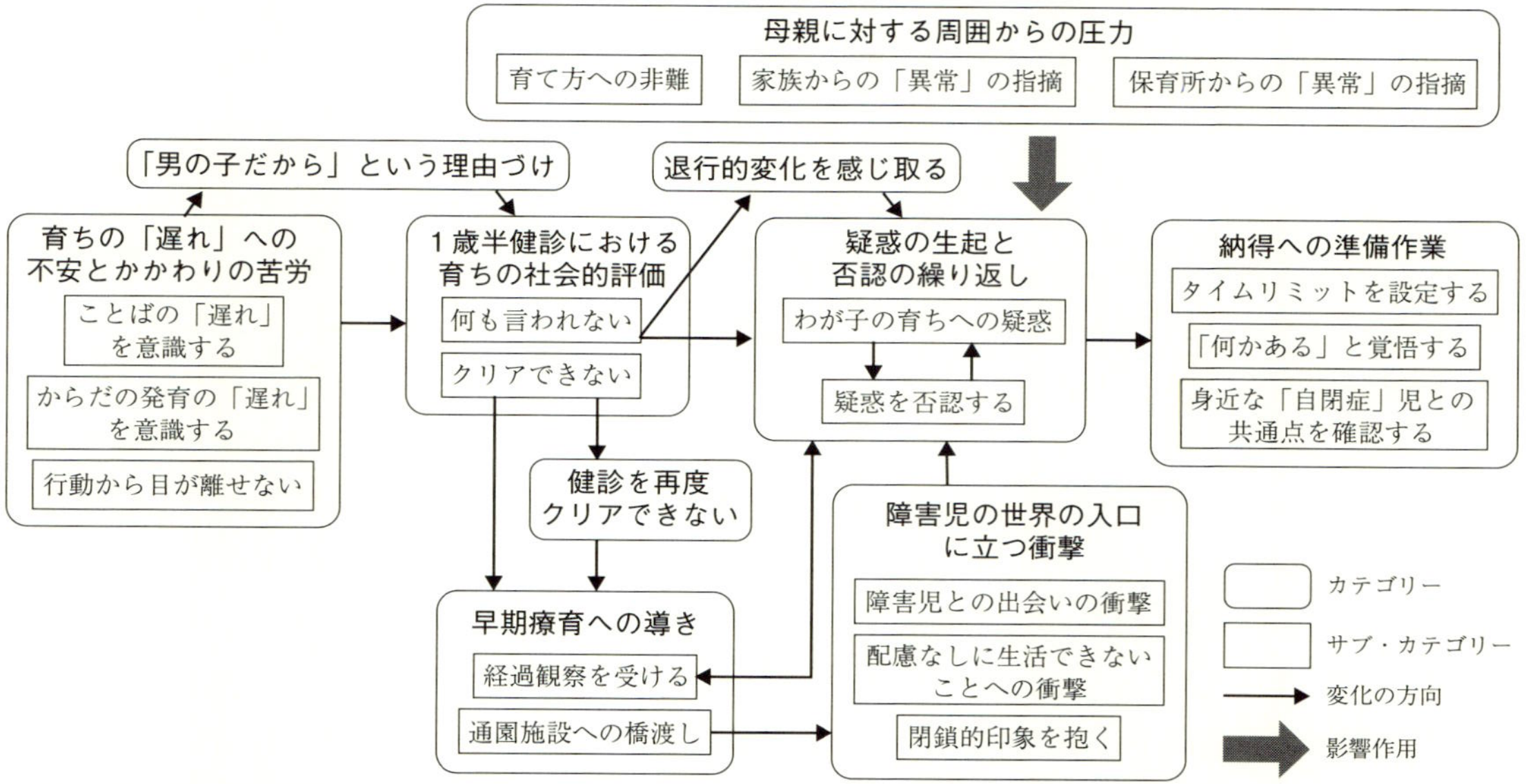

出典：渡邊充佳「わが子が『自閉症』と診断されるまでの母親の経験の構造と過程——自閉症児の母親の葛藤のストーリー」『社会福祉学』第55巻第3号、31ページ。

ゆか子さんは、ゆうき君に重度の知的障害を伴う自閉症があると分かった時点で、「育児書をよく読みました。分からないことは保健センターによく聞きました。周りに助けを求めることは大切だと思います。辛いときは、ゆうきとの日々のなかでは、物理的に距離を置く。そこを具体的に解決するときは、大学の先生や臨床心理士の先生、保育園の先生の意見を聞くことで楽になりました」と言っていました。専門職者とのつながりを、まず自分でつくっていったのです。

「小さくて、もしかしたら何とかなるかもって思っている時期が一番辛かった。やることやってないから、自分が育て方を間違えて、伸びなかったかもと思っていた時期が一番しんどかった。自分の選択したことが、ゆうきにとってマイナスになったらどうしよう。実は、本当はもっとほかのやり方がよかったのではないかと迫られる時期が本当に不安定でした」

「後悔しない子育てを！」というゆか子さんの強い思いが、手紙からも伝わってきますよね。ゆうき君の子育てにおいて「気持ちを曲げない」姿勢が多く見られます。そのことについて、周囲から否定的な言い方をされたようですが、「その人が責任とってくれるわけではありません。最後は、自分が面倒を見るのだと思えば、人に任せる気にはなれませんでした」と話していました。(9)

（9）　わが子が自閉症と診断されるまでの経験についての興味深い質的分析については、渡邊充佳「わが子が『自閉症』と診断されるまでの母親の経験の構造と過程――自閉症児の母親の葛藤のストーリー」『社会福祉学』第五五巻第三号、二九～四〇ページがある。具体的な母親の意識と経験の変化については、**図1**を参照してください。

二通目――小学部一〜三年生。早期療育の必要性について

続いて、二通目の手紙を読んでいきましょう。手紙のなかに出てくる担任の先生が、第4章で紹介した「やまちゃん」です（ゆうき君が小学部低学年のときの担任）。この手紙では、先生方と協同で行ってきた教育的な連携の実際をよく見ていただきたいと思います。

小学部一年生のときの学生さんへの手紙

ゆうきは、現在、特別支援学校に通っています。一年生です。八人の子どもたちと四人の先生のクラスです。保育園と一番違うところは、健常児の子どもたちがいないということ、そして先生に専門性があるところ、大きくはこの二点です。

ゆうきが小学部に入学するにあたり、本当に不安な毎日を過ごしていました。ゆうきは、また施設時代のように、人嫌いになってしまうのではないか？　私も、また先生とうまく関係をつくれないのではないか……？　そんなことばかり思う毎日で、昨年の今ごろは「保育園に残りたい」と泣いてばかりいました。

四月に入学して九か月、ゆうきは毎日、笑顔で一日も休むことなく学校に楽しそうに通っています!!

健常児のよいモデルがいなくても、ゆうきは先生の模倣をします。お友達のよくない行動は

真似しません。保育園の二年間で、どんな行動が良い行動で、どんな行動が悪い行動かが理解できていたのだと思います。保育園の先生は、優しいだけではなく、人を傷つけるような行動は大変厳しく指導していました。周りの子どもたちと先生とのかかわりで見聞きした、小さな日々の積み重ねがゆうきの心の中に育っていました。

学校の先生はスケジュールの提示、絵カード、個別指導をはじめ、少しでも子どもたちの生活スキルが身に付くものを中心に指導してくださいます。一番ありがたいと思うことは、私が大切にしていることを、先生も大切に思っていてくださったことです。「先生が嫌なことをする人→人は嫌なことをしてくる」と子どもが思ってしまうことはよくないということを先生と共有できました。

しかし、それは苦手なことや嫌なことはそのままでよいということではありません。「どうしたら、できるようになるかな？」と、常に考えていらっしゃいます。

やまちゃんとゆうき君

一つ、例を挙げます。給食についてです。偏食もあり、食べられるものが少ししかないゆうきでした。当初、先生のスプーンからでは食べませんでした。

先生は、「まず、ゆう君の好きな食べ物を、先生のスプーンから食べられるようになることを目標にします」と言いました。大変感動しました。「この先生になら、安心してお任せできる」と思った瞬間でした。

「スプーンより箸のほうが好きみたいです」「マヨネーズが好きですけど、持っていってもいいですか？　ふりかけも持参していいですか？」などと、先生といろんな話をしました。

ゆうきは「マヨネーズください」「ふりかけください」という絵カードを使って先生と頻繁にやり取りをして、先生との関係を深めていきました。今では、給食のほとんどが食べられるようになりました。しかも、自分で箸を使って食べています。「食べる」といっても、自発的に食べるのか、叱られるから食べるのかでは大違いです。

先生になかなか心を許さないゆうきでしたが（好きだけど甘えない）、給食を食べるようになったころ、夏休み前に初めて自分から先生に「だっこして」とジェスチャーで要求しました。

また、昨年の一二月に学校祭がありました。ゆうきは絵本の「てぶくろ」のカエル役をしました。大勢の観客を前にステージで、手遊びを披露している途中、自分の前にいつもいてくれる担任の先生が、本番では音響担当で目の前にいませんでした。ゆうきはステージを下りて担任の先生がいる所まで走っていき、先生と一緒に戻ってきました。その姿を見たとき、ゆうきが「僕の先生なんでしょ。いつもみたいに、ここにいてよね」とでも言っているかのように思いました。こうして書いていても、嬉しくて涙が出てきます。

保育園のとき、「保育園の発表会や運動会はでません」と伝えていた私に、「お母さん、ゆうちゃんと一緒に出たいです。私たちは、いつもゆうちゃんとお母さんの味方です」と、担任の先生はゆうきが参加できるように支援してくださいました。支えてくれた保育園の先生がいなければ、今のゆうきはありません。母親を見つけたら泣いてこちらに来てしまっていたゆうきが、保育園の年長のころには、私を見つけてもみんなと一緒にいられるようになっていました。そして小学部でも、一人でステージに立って発表をし、先生を頼りにしています。

保育園の先生と、今の学校の先生にも共通していることがあります。それは、今、ゆうきができていることを大切にし、活動に少しでも参加できるように、「できた！」「楽しかった！」と本人が感じられる毎日を過ごさせてくれていることです。先生自身が、子どもたちが「できる」ようになるためには「どうしたらいいかな？」と考えています。先生方が考えること自体を楽しみにしていて、できたときは一緒に、「できたね！」「すごいね！」と笑顔で喜んでくれるのです。

私個人の気持ちは、「先生と生徒」「支援する人と支援される人」そういう関係を超えて、「人と人」という関係と思えたとき、子どもたちだけでなく私たちは心を開き、安心した温かい関係を築けるようになると思っています（保育園の先生は、「ゆうちゃんを障害児だと思っていません。ゆうちゃんは、ぞう組の仲間です」と言っていました）

先生だって間違えることはあります。もちろん、親だって。そのとき、「ごめんね」「ありがとう」と素直に言える関係、やり直すことができる「人との関係」を保育、学校のなかで体験することこそが、将来、地域で生きていくゆうきのための大切なスキルだと思っています。

時には泣いたり怒ったりもあるけれど、笑っている時間が長くて、一緒に過ごしている人を大好きと思えたり、大好きと思ってもらえる人との関係のなかで過ごせたら素敵だと思っています。だって、大好きな人と一緒ならば、結構頑張れたりしませんか？　あれ、私だけかな？（笑）

理解してもらえる人が一人でも増えてくれることが私の喜びです。素敵なお手紙をありがとうございました。

小学部二年生の時の学生さんへの手紙

今、ゆうきは小学部二年生です。入学以来、一度も休んだことがありません。ゆうきにとって学校が大好きな場所で、本当にありがたいと思っています。

昨年の一月転校生が来てから、ゆうきにとって、本当に大変な毎日でした。今もです。転校生のその彼は体の大きな子で、大きな声で突然叫んだり、乱暴なことをするので、ゆうきやほかの子どもたちも固まってしまったり、耳をふさぐことが多々ありました。

昨年度は、ゆうきが先生を模倣し、悪い行動は見習わないと書きましたが、今年度はうるさいのが嫌で、ゆうきも大声を出して回避するようになってしまいました。それが今も続いていて、正直、本当に大変な毎日です。ゆうきのお兄ちゃんは六年生で思春期にさしかかり、そういうゆうきを恥ずかしく思う気持ちがより増してきています。

お兄ちゃんには、自分がやりたいこと（毎日、テニスを習っています）を最大限に応援しつつ、「ゆう君に言っても行動を変えることは難しいでしょう。嫌な気持ちになるのはよく分かるから、あなたが嫌な場所から逃げてね」と頼んでいます。「弟のせいで、我慢ばかりの毎日」という経験を積み重ねて欲しくないと思っています。二人の成長にとって、より良い関係になるにはどうしたらいいかなぁ、と心を痛める毎日です。

ゆうきは、現在、学校、家庭でも、自分の気持ちを伝えられるように絵カードを使っています。何かをやらせるための絵カードではなく、ゆうきにとって使う価値のあるものです。「ご飯」「おかわり」「ください」や、「牛乳」「いりません」、「味噌汁」「へらしてください」など、給食では先生とやり取りをしながら食べています、というのが近況報告です。

ここから、みなさんに本当に伝えたいことを書きます。みなさんの手紙の返事を書きながら、保育園の先生に聞かないと分からないこともありましたので、当時の先生に聞いてみました。

ゆうきの保育園で、当時担任（主担任）だった先生から

最初は、何も分からなくてやっぱり不安でした。知識とかがまったくなかったので。最初に苦しかったのは、やはり、なかなかゆうちゃんとコミュニケーションがとれなかったり、気持ちが分からなかったことです。それができない自分に腹を立てていました。

その後も勉強したわけじゃないんですけど（ごめんなさい）、何か（絵カードなど）をつくるたびにゆうちゃんがそれに興味を示してくれたり、時にはダメだったり……。そういうゆうちゃんの反応を楽しみながら、徐々にゆうちゃんの気持ちが分かったり、ゆうちゃんが心を開いてくれたのが嬉しかったです。特別なことは何もなかったです。

ゆうきの最初の加配担当の先生から(10)

初めて会ったときは、ほかの子に初めて会うのと同じ気持ちでした。どんな子なのかなって楽しみな気持ちと、やっぱり少し不安な気持ちでした。

ゆうちゃんにとって、保育園が楽しい場所になってほしいと思いました。とにかく可愛くて、毎日私が癒されていました。初めのうちは早く信頼関係を築きたいから、「ゆうちゃんは何を望んでいるのか」「どんな気持ちなのか」って、いつも考えていました。ゆうちゃんの気持ちに、できるかぎり応えられるように心掛けていました。

新しい環境で知らない人、知らない場所のなかで一番不安だったのはゆうちゃんだと思っていましたので、信頼関係を大切にしていました。

私は、保育園に通っていた当時も本当にありがたい気持ちでいっぱいでしたが、今この文章を読んでいても嬉しくて涙があふれてきます。ゆうきは人に過敏で、なかなか心を開くのには時間のかかる子です。そのゆうきが、保育園への登園の初日、初対面の先生に抱っこされて五分で泣き止んだのは、私の安心感（ゆうきに専属で先生が一人ついてくださいました）がゆう

(10)　名古屋市では、発達の遅れや障がいのある子どもなど、保育困難な子どもの障害の程度や保育困難度を、人数に応じて対応する「加配」職員が配置されている（太田早津美「幼保小の連携を円滑にするために」http://www.mext.go.jp/b_menu/shingi/chousa/shotou/070/shiryo/__icsFiles/afieldfile/2010/08/05/1295589_4.pdf）。軽度児五名に対して職員一名、中度児三名に対して職員一名が配置されるが、障害児保育指定保育所に限るとされている。名古屋市「保育事業の財務事務の執行について」http://www.city.nagoya.jp/kansa/cmsfiles/contents/0000010/10792/hoiku.pdf より引用。

きには通じていたからだと思いますが、何より先生方の「ゆうきのことを理解したい」という気持ちだったと思っています。先生方は、できないことをゆうきのせいにしないで、「どうしたらできるかな。どうしたらゆうちゃんの気持ちが分かるかな」といつも考えてくださっていました。

そして、それは、ゆうきにだけ特別なわけではありませんでした。クラス全員、一人ひとりに先生方は心を配っていたと感じています。自分が先生に大切にされていると感じているからこそ（子どもが実感していることが大切）、クラスのお友達はゆうきを大切に思ってくれていたのだと思います。

一見すると、お友達からゆうきへ与えてもらうだけかのように見えるのですが、お友達みんなも、ゆうきから得ているものがあったように感じています。

大人は、つい子どもたちに何かを教えようとしてしまいます。でも、子どもたちが学ぶのは、大人のそのやり方です。小さな子どもたちにとって、担任の先生がしていることがモデルになります。周りの子どもたちが当たり前にする登園後の支度なども、先生方は手伝いながらもゆうきができるように繰り返し経験させて、四歳ごろには一人でできるようにしてくださいました。

世話好きな子もたくさんいましたが、ゆうきにも「自分でやりたい！」という気持ちがあるので、助けて欲しいときに助けてくれる子をいつも頼りにしていました。

いつの間にかゆうきと仲良くなることが、クラスの子どもたちのステータスのようになっていました。ゆうきが仲良くする子は、「よい人」（確かに、人の本質を見抜く力がある）と子どもたちが思っていたようです。

ある日の、やんちゃな男の子と先生のやり取りです。

男の子　先生、ぼくゆうちゃんに優しくしてるのに、なんで、ゆうちゃん、仲良くしてくれないのかな？

先生　ゆうちゃんだけに優しくしても、ゆうちゃんは仲良くしてくれないと思うよ。ほかの子にも優しくしてる？

男の子　そっか。わかった！

障害のある子がクラスにいることで、確かに大変なことが多いと思います。でも、最初は大変でも、先生のやり方一つでみんなが優しい気持ちになれるようです。そして、そこは誰にとっても居心地のよい場になります。

保育園に入って一年がたった年中の終わりがけに担任の先生から、「ゆうちゃんが保育園に入ってきてくれたおかげで、みんなの優しい気持ちに気づくことができました。ゆうちゃんが入ってきてくれて本当に嬉しいです。ありがとうございました」と言われました。

障害者や障害の子どもをもつ親には、「障害者は、誰かを優しくするための道具ではない」と気分を悪くする人もいます。私はゆうきがいることで、その場が心地よいと感じられたり、癒されると感じてもらえるのなら、それが、ゆうきがこの世に生まれた意味、生きる価値の一つだと思っています。

小さいときに、ゆうきと「一緒に過ごして楽しかった」と思ってくれる子どもたちが大人になったとき、障害は障害でなくなると思っています。障害は、「理解」と「支援」があれば障害ではなくなります。障害児のゆうき君ではなく、ゆうき君はこんな子だとみんなに思ってもらえる社会になることが願いです。

どの人にも得意なこと、苦手なことがあります。

●精いっぱい毎日を過ごして、できないことは、周りの人に「助けてください」とお願いできること。

●自分はこういうことは苦手だけど、こうしたらできる！　こういうことは得意だ！　と自分自身を理解すること。

●「ありがとう」「ごめんね」と素直に伝えられること。自分の事を理解してもらう努力もしながら、周りの人のことも理解しようとすること。

将来、小さな子どもたちの先生になる学生さんのみなさんが、自分自身をそのように生きることで、多くの子どもたちが障害のある人と過ごすことが当たり前の世の中になれば、「障害者」という言葉も必要なくなるのだと思っています。

みなさんの将来、ゆうきの担任の先生や加配の先生のように、みんなと心豊かに生きる先生になってくれることを期待しています。手紙を読ませていただいて、みなさんなら、そんな先生になれると確信しています。

本当に、すてきなお手紙ありがとうございました。いつかお会いできることを楽しみにしています。

小学部三年生のときの、学生さんへの手紙

ゆうきは、現在、小学部三年生です。学校、家庭でも、自分の気持ちを伝えられるように絵カードを使っています。家では新しいツールが加わりました！「iPod touch」です。絵カードは持ち歩きが大変なので、将来的に使えたらいいなぁと思い、購入しました。

でも、ゆうきのお気に入りは「Google MAP」!?、ストリートビューなどを使って楽しんでいます。どうやら、車のナビで道路をよく覚えているようです。公園やプールなどをＭＡＰから見つけ出しては「おーっ」と楽しんでいます。「ここに行きたい」と伝えるときも、地図からその場所やお店を出して指さしします。何もないところから、ゆうきの意志を知ることはできませんでしたが、こうして便利な道具のおかげで少し分かるようにもなって嬉しいです。

コミュニケーションが広がることは、周りの人と豊かに生きることにつながります。小さいときに、「伝わった！」「伝えてよかった！」という経験が積み重ねたならば、その子の人生にとって大きな財産になることでしょう。

２台目のツール、iPad mini

私にとって、ゆうきにとっても、保育園の先生というのは本当に大きな支えでした。今も、ゆうきが周りの人にかわいがってもらえるのは、保育園の先生方のおかげです。昨年までゆうきの担任だった先生にも、みなさんへのお手紙を書いてもらいました。

担任の先生からの手紙（やまちゃんからの手紙です）

私が日々大事にしているのは、子どもたちが安心できること、ここにいていいんだ、この人がいるから安心、と子どもたちが感じられることです。「あなたのこと、見てるからね」というメッセージを伝え続けながら、「何を見てるのかな？　何を思っているのかな？　どんなことが好きかな？」と探ります。正解は分かりませんが、お互いに気持ちが伝わることはとっても大きな喜びになりますし、毎日の小さなやり取りの積み重ねが信頼関係となります。

ゆう君は入学して三か月経ったころ、ようやく担任の私に抱っこされることを許してくれるようになりました。ゆう君にとって信頼できる人になれたと嬉しかったです。副担任の若い先生に先を越されて悔しかったのも事実ですが。

子どもたちから教えられることはいっぱいあります。支援とは、大人や周りの者が子どもの代わりにすることではありません。苦手なことや難しいことを、何につまずいているのかを探り、どうしたらうまくやれるのかを知ることが大切だということ、その子がやれそうな方法や順番、必要なモノ、手だてが「支援＝工夫」だということ。

そうした工夫を考えたり探したりすることは難しいけれど、楽しみでもあります。正解があるかどうかも分かりませんし、申し訳ないけれど失敗もします。それでも、子どもたちやお家の方、仲間と一緒に「分かった」「できた」「つながった」を分かち合えることは本当に嬉しいことです。だから悩み、学び続けたいと思います。

自分が「子どもたちにとってよいこと」と思っていても、そう評価されないこともあります。

たとえば「(嫌いな) 給食全部食べないと遊べないよ」という指導をすると、その場では子どもは遊びたいので無理をして食べるかもしれません。教師も保護者も、目の前の「できたこと」に成長を感じるでしょう。でも、私は好きなものを「おかわりください」、嫌いなものは「減らしてください」「これはいりません」と、子ども自身が伝えられることが大事だと思っています。

「無理して食べなくてもいい」ことを保障しながら、信頼している先生や大人がおいしそうに食べている姿を見たり、すすめられてちょっと食べてみたら嫌じゃなかったという経験をする機会があれば、子ども自身が成長していくのです。しかし、すぐに結果を求めようとする指導者や保護者からは、「変なことを教えるな！　甘い！」と非難されてしまいます。無理矢理やらされたことは、一時的にできるようになっても定着しません。子どもだからこそ、一日一日を安心して過ごして欲しいと思います。

みなさんも、こんな悲しい経験をするときが来るかもしれません。そのときはどうか、今習っていること、何が大事なのかを思い出し、信頼できる先生や友達や仲間と支え合っていってください。

ゆう君の保育園の先生が、入学前にゆう君のことをお話しするために学校へ来てくださったことがあります。担任の先生は、いかにゆう君がかわいいか、クラスのお友達から愛されているかを熱く語られていました。きっと、ゆう君だけが特別なのではなく、一人ひとりを大事にしているのでしょうね。自分のことを大事にできてこそ、相手のことも大事にできると思います。保育にかかわるからというだけでなく、一人の人として、自分のことも大事にしましょう(自戒をこめて)[11]。

ここまで、ゆうき君が小学部一年生から三年生になるまでの手紙を見てきました。「先生が嫌なことをする人→人は嫌なことをしてくる」と子どもが思ってしまうことはよくないということを、保育園、そして小学部の先生とが共有していた様子が非常に伝わってきましたね。

ゆか子さんの手紙は、先にも述べたように、大学での授業で教材として使ってきました。「ゆか子さんは、カッコいいお母さんだ」という感想とともに、具体的に「障害のある子どもにはどのように保育すべきか」という質問が学生から出ていたので、直接聞いてみました。ゆか子さんは、次のように答えてくれました。

(11) 日常生活において、「自分が感じていることをどう伝えればいいのか」についての具体的なスキルを教師と共有し、現実でもそのスキルを使えるようになるように支援することの必要性については、辻井正次「発達障害の現状と子どもを支援する専門機関の連携と今後の課題」『臨床心理学』第一四巻第四号、二〇一四年、四七五〜四七六ページでも指摘されている。

「障害のある子どもにはどのように保育すべきか」という質問ですが、とくに違うということではなく、少していねいに保育をするというイメージだと思います。

子どもができる環境、やりたいと思う環境を整えること。障害があるということは、できないことが人より多かったり、ゆっくりしかできないということだと思います。子ども自身が「自分でできた」という達成感は本当に大切です。いろいろな方法はありますが、見守るだけだと難しいので、たとえば靴下を履くときは、最後の部分だけ本人にやらせる。片づけも最後の一個を片づけてもらう。短い時間で「できたね」を何度も感じることを繰り返し、だんだんと自分で行う時間を増やしていく感じがいいと思います。

また、自閉症のある子どもは感情のコントロールをすることが苦手なことが多く、急に大声を上げたり、こちらが変化に気付かないことでも、（いつも行くスーパーの陳列が変わっていたなど）泣いてしまうことがあります。叱られたときにパニックを起こして、自分を叩くなどの自傷行為をすることがあります。

こうした行動に対して、いつ、どんな時に、何をして、どうなったかを記録していくことが大切だと思います。障害の有無関係なく、その子の行動の機能（意味）を理解し、周囲が受け入れられる代わりの方法を教えてあげてください。

具体的に、ゆうきが保育園で先生方からしてもらっていたことをいくつか挙げてみます。初めは、先生がゆうきに個別でついていましたが、少しずつお友達が入るように保育してもらえました。たとえば、三輪車を貸してほしいときに、

①先生も一緒に行くけど、自分でお願いしてごらん。

②他の子についていってもらってお願いしてごらん。

③自分でお願いしておいで。

友だちがついてきてくれて、一緒に頼んでくれたり、「これと交換して」と言ってくれたり、「ダメだって。これで遊ぼうよ」とほかの遊びに誘ってくれる。まさに、ミニ先生がたくさんいました。私や先生が言ってもダメなのに、お友だちが「～するよ」と言うと、さっと行動する姿に本当に感動しました。保育園の先生方は子どもたちのことを「私たちの先生です」と話してくださいました。

子どもたちに対して、不適切な行動には指導しないといけないと思います。そのとき、子どもたちに「先生はこういうことは叱ります」とか「三回目はないから」と、保育園の先生も学校の先生も最初に言っていました。これだけは譲らないという思いをもち、伝えることは大切だと思います。

子どもたちは長々と説明しても分からないので、短い言葉を使ったり、イラストや絵で分かるように伝えてください。身辺自立や給食などは成果が見えるので大人の達成感はありますが、

家庭での役割が機能低下している現在、保育者の役割は大きいと思います。目に見えない、大切な心の土台をしっかり育てられる先生になってください。

3 小学部四年生になってからの変化

ここからは、とても悲しくて残念な出来事をみなさんに伝えていくことになります。小学部四年生になったとき、ゆうき君は学校に行けなくなりました。それまで、毎日休まずに学校に通っていたゆうき君が、なぜ登校拒否になってしまったのでしょうか。それについて、以下で紹介するゆか子さんからの手紙を読んで、みなさんに考えて欲しいと思います。

ゆうきは小学部五年生になりました。在籍はしていますが、昨年の五月から学校には行けていません。もう、一年と三か月になります。

昨年の四月の二週間、学校に通っただけで、ゆうきは今まで見せたことのない姿になってしまいました。担任と副担任の心ない対応、安定した職業としてそこにいるだけの先生二人によって、ゆうきは笑えなくなりました。一日中緊張して、トイレにも行くことができなくなりました。先生が近くに来ると震えるようになりました。参観日にほかの保護者からも心配されて、学校を休むことにしましたが、ここまで長引くと思いませんでした。

周囲の先生にも何度も助けて欲しいとお願いしましたが、無視されました。保健室にもトイレに行けないと話をしましたが、「利尿剤を飲ませたら？」「たくさん、水分を飲ませればいいんじゃない？」と的外れな回答です。校長も、私をモンスターペアレント扱いしました。三年生のときの担任の先生も、ゆうきの姿に心を痛めて倒れてしまいました。

たった二週間のことでした。それは私が学校にいても具合が悪くなるくらい、今までの教育的支援とはほど遠い生活でした。笑顔になるまでに半年。最近、やっと自分を取り戻した感じになってきました。たった二週間と言っても、ゆうきにとっては本当に辛くて長い一日であったであろうと思います。

小さなときから大切にしてきた人への信頼感が崩れ去ると、こうなるということを目の前にしたとき、こんなことならば、初めから人への信頼感など教えなければよかったとも思いました。でも、今は学校から離れてみて今までの私のやり方でよかったと思っています。

ゆうきは学校には行けなくなっていますが、二時から「放課後等児童デイサービス」(12)という福祉サービスを使っています。そこには、母子通園学園のときにお世話になった先生が責任者としています。この先生ならと思ってすぐ電話して、施設開所後の契約第一号です。パートの先生方にも、とてもよくしてもらっています。

「放課後等児童デイサービス」は大きな社会福祉法人で、同じ建物に高齢者マンションがあります。ゆうきはそこのお茶会に参加させてもらったり、お手伝いの仕事をもらっています。

先日、感動したことがありました。出掛けた先の施設の出入り口のドアは、静かに閉まることを私は知っていました。私は手をすぐ離してしまいましたが、ゆうきは扉が閉まるまで、扉にそっと手を添えていました。

高齢者マンションの古新聞回収の手伝いをしていたとき、パートの先生が、「ゆう君、みんなお部屋にいるからね、そーっと閉めるよ」と教えてくれていました。きっと、扉を閉める瞬間にはいつも、ゆうきには先生の言葉が聞こえるのではないかと思うのです。隣にはいなくても、心にいつもいる先生。ゆうきの心の中には、今までお世話になった大好きな先生がいつもいるのではいかなぁと思うと、今も涙が止まりません。

「放課後等児童デイサービス」には、ゆうきが保育園のときにいた先生もパートで働いています。その先生は、保育園のときはゆうきの担任ではありませんでしたが、結婚して子どもを産み、保育園を辞めて、今はゆうきやほかの子どもたちと過ごしています。縁とは不思議なものだとつくづく感じます。

素晴らしい保育士の先生方との時間を、いかに子どもたちのいる学校にもつなげてもらえるか。いかに、みなさんが社会に出て行くときにもつないでいけるか。どうしたらいいかなぁと思います。子どもたち（障害の有無は関係なく）が、より良く生きられる社会をどうしたらつくっていけるのか……。

どうか、みなさんも一緒に考えてください。よろしくお願いします。

この手紙を読んで、みなさんはどのように感じたでしょうか？　私が教えてきた学生さんからは、「先生が変わるだけで、こんなにゆうき君が変わってしまうなんて。大人がつくる環境の力は、こんなに大きいのだなと思いました」という感想が多く寄せられました。その当時のことについて再度ゆか子さんに尋ねてみたところ、次のように回答してくれました。

今までも、担任の先生は変わってきました。先生によって、子どもへのかかわり方も変わり

---

(12)　二〇一二（平成二四）年四月に、児童福祉法（昭和二二年法律第164号）に位置づけられた新たな支援のこと。放課後等デイサービスは、児童福祉法第6条の2の2第4項の規定に基づき、学校（幼稚園及び大学を除く。以下同じ）に就学している障害児に、授業の終了後又は休業日に、生活能力の向上のために必要な訓練、社会との交流の促進その他の便宜を供与することとされている。放課後等デイサービスは、支援を必要とする障害のある子どもに対して、学校や家庭とは異なる時間、空間、人、体験等を通じて、個々の子どもの状況に応じた発達支援を行うことにより、子どもの最善の利益の保障と健全な育成を図るものである。

ます。「放課後等児童デイサービス」のパートの先生のように、専門的な知識がなくても、生きるうえでは大切なことをその先生から学ぶこともあります。しかし、特別支援教育の免許をもち、専門性があると思われる先生でも、手紙に書いたとおり、子どもの不適切な行動にだけかかわって、真面目に授業を受けようとしている子どもを放置する。また、授業準備すらしないこともあります。専門性も大事ですが、結局は、先生の人間性が大事だと思いました。

五年生の担任の先生は、ほかの学校から異動してきたばかりの若い先生でした。初回のご挨拶で、すぐに子どもの評価についての考え方が違うことが分かり、ゆうきは五年生も学校に行けずじまいでした（五年生の終わりころに再度話をして、「子どもが分かるとはどういうことなのか」について、お互いに分かり合えたことは本当によかったと思っています）。

六年生になるとき、春休みから登校準備をしました（登校を怖がるゆうきと少しずつ、学校の近くまで行くことを繰り返しました）。担任の先生は、一年生のときの副担任でよく知っている先生でよかったのですが、学年全体や学部での活動になると、先生の思い込みや押しつける形の教育的支援になってきてしまい、ゆうきは困惑の表情を浮かべることもありました。

具体的なことでは、「自立」という授業でフルーツバスケットをしようとしたときのことでした。子どもたちに伝わりづらい説明であったため、ルールを子どもたちがしっかりと理解できませんでした。ゲームは淡々と進行し、先生が子どもの手を引っ張る形でゲームを続けていきました。

　また、別の場面では、自己紹介のときに、先生に「好きなものは何ですか？」と質問されました。そもそも話せないし、絵や写真がないと答えようがないので答えずにいたとき、先生が「〇〇好き？」と訊ねました。それに対して本人が「うん」と答えると、本当に好きなものでなくても、「うん」と答えたものがその子の好きなものになってしまっていたということもありました。そういう場面が度重なることで、ゆうきは「できた！　わかった」と思えないことが増えていったように思います。


　このような話は、私のゼミ生を交えた勉強会でゆか子さん本人から伝えてもらいました。話を聞いたゼミ生は、「周囲の環境次第で子どもの生活が大きな影響を受け、どんな生活スタイルにも変わっていく素晴らしさと怖さを知った。そして、子どもを少しでも支えることのできる保育者になりたいと考えた。周囲の温かい支援のなかで、子どもが安全、安心に暮らすことのできる環境を整えることで、子どもは少しずつ成長できると考え、大人の支援の大きさや、重要さを改めて感じるとともに、責任ある問題であることを考えるきっかけとなった」と言っていました。

　読者のみなさんにも、こうしたゆか子さんや学生さんの言葉をしっかり受け止めていただき、考えてもらえたらとても嬉しいです。

4 中学部一年生になりました

最後の手紙です。ゆうき君が中学部一年生になったときの手紙です。この年には「現代社会と女性」という、大学二年生が卒業単位取得のために必須となる科目を教えていました。その授業で、ゆか子さんの手紙を教材として示し、総勢一五〇人以上の学生さんにゆか子さんへの手紙を書いてもらうことにしました。ゆか子さんは一人ひとりへの返事をしてくれたうえに、全員に次のような手紙を返信してくれました。

お手紙ありがとうございました。大勢のみなさんのお手紙を読ませていただきました。みなさん、かわいい手紙で、さすが未来の保育士さんだなぁと感心しました。子どもたちの心を引きつけるには、見た目も大切だと思います。「何がはじまるんだろう⁉」と期待感をもたせられる先生は、すてきだと思います。

こうして、「みなさん」とひとくくりにしてお話していることに少し戸惑いもあります。本当は、一人ひとりがそこにいるはずなのに「みなさん」というと、誰に言っているか曖昧な感じがします。

発達に遅れがあったり、でこぼこがあったりする子どもたちは、「みんな〜、先生のお話きいてね」と言われても、そこに自分が含まれていることに気付いていないということもありがちです。そこで、どんな工夫をするのか。先生の腕の見せ所でもあり、楽しみに感じてもらえたらうれしいです。

ゆうきは、特別支援学校中学部一年生になりました。昨年から、参加できそうな授業だけ、母子で登校し、今はほとんどの授業に参加しています。音楽の授業だけは（ゆうきは音楽好きなのですが）先生自身が自分のスタイルを変えられず、何度か話し合いをしましたが、折り合えず参加していません。去年は肢体不自由のクラスの友達とも一緒に楽しく参加できていたので残念です。

中学部は地域の小学校の特別支援学級からも六人が入学して、四月は一四人、三クラスでのスタートでした。先生は、各クラス主担任と副担任の二人です。保育園や通常の学級と比較すると、大変手厚い配置ですね。本来は、手厚い支援のあるうちに、人に頼らない、できるだけ自分でできる（援助要求も含めて）ようにしなければいけません。

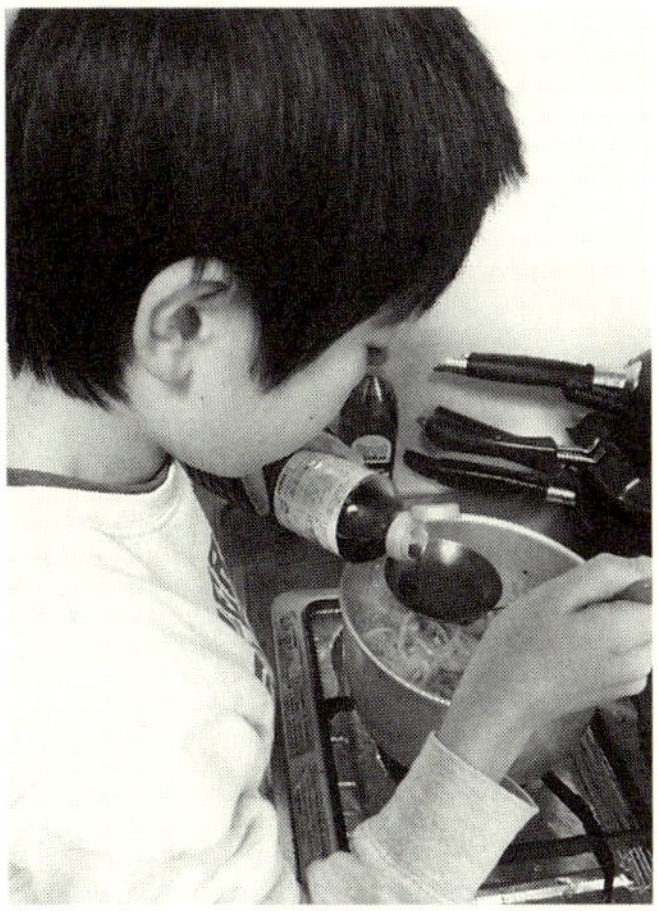

お手伝いをするゆうき君

たとえば、いつも大人から「あれは大丈夫か」「これはやりましたか」と四六時中指示され、援助されるような指示待ち人間ではなく、本人が自ら「これはできました」「これが分かりません。教えてください」と、先生や支援者に働き掛けていける力をつけることです。自分でできないことが多くても、そうした力をつけていくことが社会で生きていく力になっていきます。

保育園などでは、大勢の子どもたちを一人や二人の先生でまとめていくことが毎日必須になります。そうすると、たとえば、歩いて遠足というだけでも綿密に打ち合わせをし、何かアクシデントがあれば、どうするかについての意識や具体策が職員同士で共有されているはずです。

ところが、特別支援学校では大勢職員がいることの弊害で、何とかなるだろうと先生が思ってしまうのか、打ち合わせがあいまいなままということがあります。遠足などでは、先生一人で大勢の保育園児を連れて歩く横で、中学生であるゆうきたちにはほぼマンツーマンで引率される子どもたち。「障害があるからできない」と決めつけているから、そうなってしまうのだと思います。

みなさんのお手紙を読んでいて思ったことですが、私はみなさんが思うほど強い母親ではありませんし、どうして強くなれるのかと問われても、自分では強いという実感がまったくなく、どう答えていいか迷いました。

目の前に起こることに対して「何とかしよう！」と、みなさんが努力しているのと同じではないかと思います。近所で、「うちの子は障害があって、ご迷惑かけることがあるかもしれません。よろしくお願いします」と言うと、「実はね……」と、その方のお孫さんがそうだとか、弟がそうだとか、従兄弟にいるなど、あとは……本当はもう一人子どもがいたけど風邪をこじらせて小さいときに亡くなってしまった、と言われたことがあります。私の身近な知人友人のなかでも、病気、事故でお子さんを亡くしている人が数名います。闘病中のお子さんもいます（特別支援学校の関係ではなく）。

周囲の人は、わざわざ自分自身の大変だったことをあえて言わないだけで、本当はいろいろな想いを背負いながら生きているのではないかなーと思うのです。一見普通に生まれてきても、いろいろあるのではないでしょうか。

「障害があると分かっていてなぜ産むのか？」という批判もありますが、それは、自分がいつか障害者になるかもという視点がない人なのではないかと思います。しかし、障害があるから産まないという選択も、私は個人的には賛成です。人には個々の事情があり、育てられる環境ではないと思われる（たとえば、介護が必要な子がいる、お年寄りがいるなど）、あるいは、どうしても障害児は今の気持ちでは受け入れられないと思うならば、障害があるから産まないという選択や決断をするのも、生まれてから捨てるとか虐待するなどよりはいいのかもしれないと、障害のある子どもの近くでいろいろな家庭を見ていて思います。

子育ては、自分の思いどおりにならない一人の人として、尊重していく姿勢が大事だと思います。しかし、躾は必要だと思っています。

今、子どもたちは、時々反抗をしながらも、私の意見や周りの意見を聞いて自分で判断して行動できます。子どもたちが小さいときに、公園に行くと「帰ろう」と促しても真っ暗になるまで帰れないとか、一日中、ゆうきを背中におぶって虫取りとか（笑）、十分に子どもたちの幼児期の遊びに付き合ったという感じです。十二分に子どもたちの想いを受け止めたからこそ、子どもたちが人の言うことに耳を傾けられるようになったと思っています。

みなさんのお手紙で「幸福ですか？」という質問が多かったのですが、これも難しい質問でした。自分の思い描く理想の子どもがいることが幸福な人もいると思いますが、私は子どもたちが元気にいてくれることだけで幸福です。

幸福という言葉のニュアンスでは違和感もあるのですが、ゆうきと一緒にいて「いいなぁ～」と思う瞬間は散歩をしているときです。「永遠に、このまま年をとらないで、歩いていたいね」とゆうきと話していました。ゆうきが登校できなかった二年の間にも、毎日少しですがそんな時間があり、穏やかに過ぎていくそんな時間が私は好きでした。

みなさんのお手紙のなかでとてもうれしかったことは、「思い出すことも辛いと思うのですが……」と書いてくださっていた方がいたことです。きっと、みなさん自身もまた、そういう体験をされているのでしょうね。自分のこととして感じてもらえたことがうれしかったです。また、みなさんの実習などの体験を通じて、そのことを思い出しながら書いてくださっていた方もいました。若いみなさんが体験されたことを、子どもたちと周りの人と共有できるならば、一人が二人、二人が三人と、理解しようとする人が増えていくと思います。

生産効率が良いか悪いかといえば、ゆうきは悪いと思います。でも、保育園のお友達が「いいなぁ、ゆうちゃん」と言っていたのは、何も話せないけど、周りにみんなが集まってくることです。何か役に立つからとか、足が速いとか、勉強ができるとか、そういう価値観からゆうきがもっとも遠いところにいて、「そうじゃなくてもいいんだ」と、安心できる存在の象徴だったからなのかなと思います。

素晴らしい保育士の先生や幼稚園の先生や学校の先生になって、子どもたち（障害の有無関係なく）がより良く生きられる社会をどうしたらつくっていけるか……子どもたちと一緒に考えてください。よろしくお願いします。

追伸

みなさんへの手紙を書いたあと、今、付け加えたいことを思い出しました。障害児、障害者と、みなさんも便宜的に使っていると思います。私も使いますし、論文や行政からの文章にも使われます。

でも、自閉症の男の子　an autistic boy より a boy with autism

聴覚に障害のある人　a deaf person より a person who is deaf

障害者という人はいません。

障害をもっている、障害のあるゆうきです。障害の特性を知ることは、支援したり、保育をするにあたってとても重要です。その子を知るための助けとなるかもしれません。しかし、障害者とひとくくりにされてしまう人たちも、私たちと同じように一人ひとりの個性があり、自閉症だからというだけでみんなが同じ特性、性格ではないのです。

ほかにも似たような言葉がありますね。外国人、老人（外国の方、お年を召した方、ご高齢の方……）など、便宜的に使う場合でも、心の中ではそのような気持ちでいてもらえるとうれしいなぁと思います。

ＩＣＦ[13]では、生活機能に問題が生じた状態、つまり「生活機能低下」が「障害」で、これも三つのレベルから成っています。つまり、「心身機能・構造」に問題が生じた状態が「機能障害（構造障害を含む）」、「活動」に問題が生じたのが「活動制限」、「参加」に問題が生じたのが「参加制約」です。そして、これらの三レベルが統合されたものが「障害（disability）」と言われています。

5 親子のきほん――ゆか子さんとゆうき君、そしてやまちゃんとの関係

ここまで、ゆか子さんの手紙を見てきました。三歳になる前の母子通園施設から、この原稿を書いている中学二年生（一三歳）になるまでの手紙でしたから長かったですね。この手紙をみなさんに読んでもらうことで、ゆか子さんがお母さんとして精いっぱい努力してきたことを、私は理解してほしいと思いました。

どんな子どもであれ、障害があろうとなかろうと、母親は一日二四時間、一年三六五日、ずっと子どもの成長にかかわることになります。子どものため、と思う気持ちが強くなるのは当然です。最後の手紙でゆか子さんが次のように書いていることを、私たちは忘れてはいけないと思います。

「子育ては、自分の思いどおりにならない一人の人として、尊重していく姿勢が大事だと思います」

ゆか子さんに、これまで書いてきてくれた手紙を本にしたいこと、この原稿を書いている今現

---

(13)（International Classification of Functioning, Disability and Health）人間の生活機能と障害の分類法として、二〇〇一年五月、世界保健機関（ＷＨＯ）総会において採択されている。

在のゆか子さんとゆうき君の姿を写真に撮りたいと伝えたところ、「いいよ。ちょうど桜の咲くころだから、毎年行く公園を、ゆうきとやまちゃんとみんなで散歩しよう！」と、快い返事をしてくれるとともに粋な提案をしてくれました。

撮影当日は少し寒かったのですが、キレイに晴れわたり、満開とまではいかないけれど、これから花盛りを迎えそうだというように、花びらが春風にそよそよとなびいていました。

「行きたい所があるけど、行ってもいい？　ゆうきが小さいころから好きで、ずっと行っている場所なの」

ゆか子さんが案内してくれたその場所に行くと、水琴窟《すいきんくつ》(14)がありました。瓶にちょろちょろと流れ込んでくる水をひしゃくで掬い、小石の山にその水を注ぎ込むと、とても美しい音が静かに流れていきました。

ゆうき君のひしゃくに、やまちゃんが水をゆっくり注い

ゆか子さん、やまちゃん、そしてゆうき君

でいきます。その水を水琴窟に流し込んで、大喜びするゆうき君。その様子を見て、「ああ、こうしてやまちゃんは、ゆうき君の成長のひしゃくへと、いろいろな知恵や知識を注いで伝えてきたんだな」と、私はとても胸が熱くなりました。

「ゆうきと手をつないでお散歩することが、本当に幸せ」というゆか子さんのインタビューでの言葉のとおり、二人は散歩のとき、ずっと手を握っていました。音の過敏もあるゆうき君を気遣って、「一応、思春期らしく、あまり最近は笑わなくなった」と、ゆか子さんは静かに声をかけています。

お昼をどうしようかとみんなで話しているとき、ゆか子さんはメモ帳に、目の前にある「茶屋ででんがく」を食べ

（14）日本庭園の装飾の一つ。手水鉢の近くの地中につくりだした空洞の中に水滴を落下させ、その際に発せられる音を反響させる仕掛けとなっている。手水鉢の排水を処理する機能をもっている。

楽しそうに笑うゆうき君とやまちゃん

るか、少し離れた「レストラン」で食べるかをイラストを添えて書き、ゆうき君にどちらに行きたいかと尋ねました。ゆうき君が「レストラン」を指差したので、お昼はレストランで食べることになりました。ゆか子さんは、ゆうき君が選択できる機会も大事にしているそうです。

昼食後、車の中でゆうき君がお茶を飲みたいと伝えてきました。お茶の入ったポットをバッグから出してゆうき君にわたし、私に「これ見て」とたくさんのプリントが綴じられたファイルをわたしてくれたのです。

一枚一枚見てみると、薄い文字でお手本が印刷された、ひらがなを練習するためのプリントでした。やまちゃんがゆうき君の小学部一年生の担任だったときにつくった、給食の

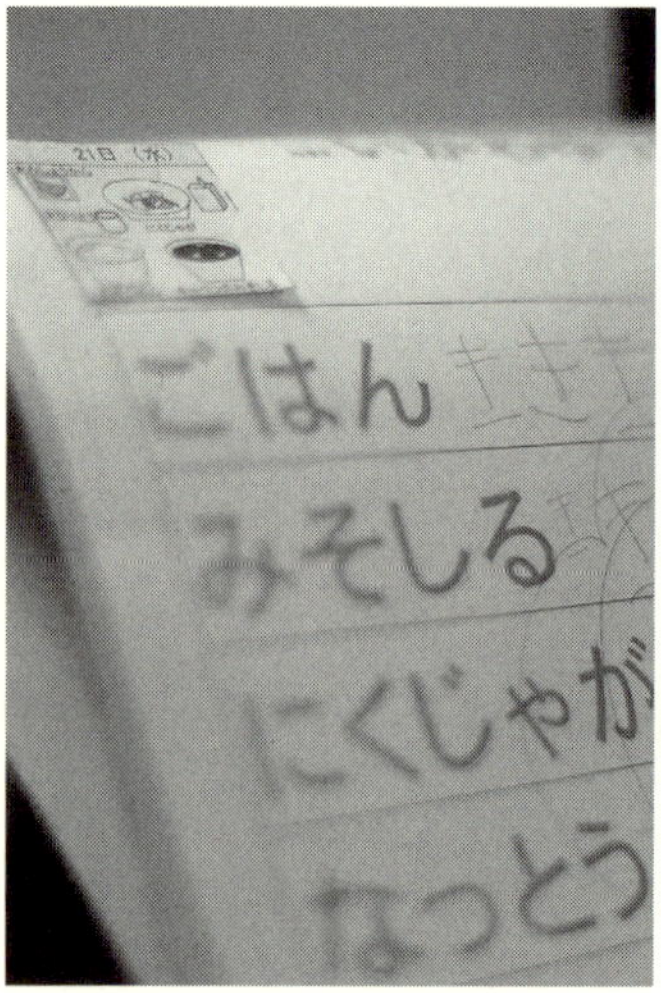

小学生のときの文字の練習

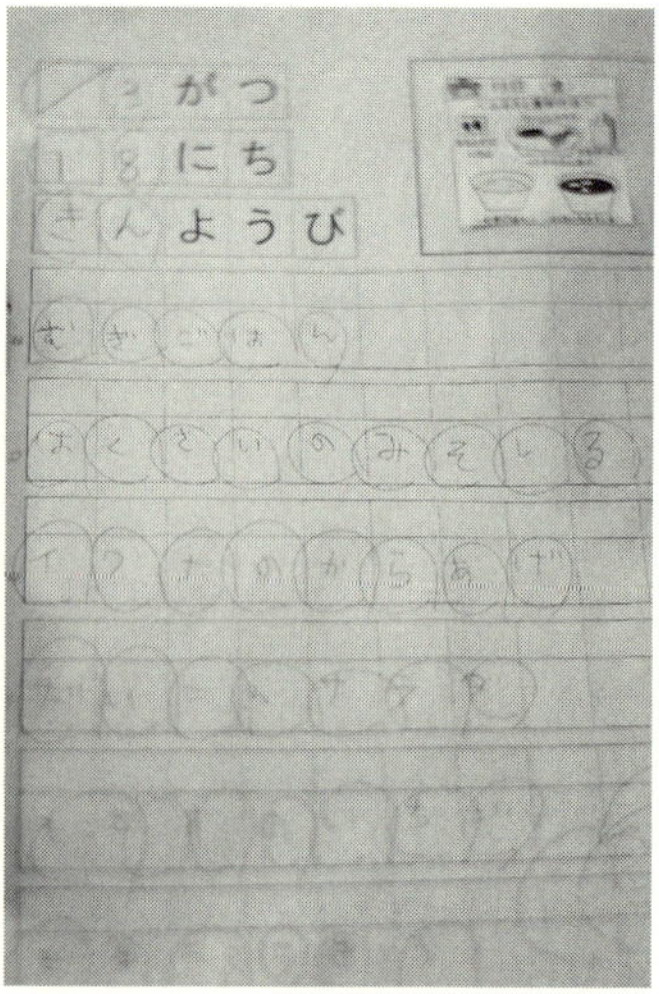

中学生になってからの文字の練習

メニューを文字にしたプリントでした。ゆうき君は、そのプリントの文字をなぞって、ひらがなを勉強していったと言います。

プリントを見ていくと、徐々にお手本がなくても自分で文字が書けるようになったことがよく分かりました。いつか、ゆう君が自分の気持ちを文字に書いて、ゆか子さんに伝えられるんだなーと思った途端、私は感動して涙がこぼれそうになってしまいました。

ゆか子さんは、中学部でのゆうき君の様子を次のように教えてくれました。

「最近、一番嬉しかったことは、図書委員になってほかの子はサボろうとするとき、ゆうきが仕事をしていたこと。本の整理をしたり、貸し出しと返却のはんこを押したりと、委員会の活動をしっかりやっていたから『図書館がキレイになりました』と表彰してもらいました。作業学習の時間は、刺し子を一生懸命時間きっちりやります。あと、一〇

ていねいな刺し子の作品

までの足し算ができるようになりました。今では、自分で問題をつくって解いています」

嬉しそうなゆか子さんの言葉に、やまちゃんもさらに嬉しそうに「最近はお話が増えたね」と続けました。ゆか子さんによると、「好きなことでも、前はなかなか『やります』って言えなかったけど、最近は自分から手を上げるようになったかな。自分からチャレンジしようという気持ちが増えてきた気がする」ということです。

「絶対に好きでやりたい活動でも手を上げられなくて、あと二人くらいに残って、先生に『やらないの?』って言われて『はい、やります』って感じだった。しゃべれないことに劣等感みたいなものがあるから、ほかの人がしゃべれるようにはできないけど、ちょっと発音できる言葉が出てきたこと、図書委員頑張ったね、刺し子で誰よりも一生懸命やっているっていうことを評価してもらえたことが自信につながってきたと思う」

やまちゃんが、そうしたゆうき君について思っていることを最後に話してくれました。

「こうして間近で成長を感じられて嬉しい。ゆう君は真面目で、相手の期待に応えようと頑張るところがある。でも、それだけではない何か、可愛いからかな……。ゆう君の『やりたい』を応援したくなるし、『どうしたら、ゆう君が面白そうって思うかな?』と考えるのも楽しみ。学校で頼りにされたり、好きな活動が増えて積極的になってきたなんて頼もしいね。ゆう君の力はもちろんなのだけれど、ゆか子さんの力も大きいと思うな」

これまで見てきたように、ゆか子さんにとってはやまちゃんは強い味方なんだなと思った私は、「やまちゃんは、どんな存在？」と尋ねてみました。すると、次のような答えが返ってきました。

「何だろうね、家族……空気……？　家族みたいな感じかな？」

ゆか子さんとゆうき君、そしてやまちゃん。三人は、つかず離れずの微妙な距離で一歩ずつ歩いていました。ゆか子さんはゆうき君の手をしっかりと握り、時には前に立ち、陰で支えながら歩んでいました。まるで、二人のこれまでの時間を象徴しているかのようでした。

ゆか子さんの手を引くゆうき君

いつか、ゆうき君が自分で文字を書いて、ゆか子さんに自分の考えを伝えられるようになるとき、いったい何と書くのでしょうか？　その日が、まだいつ来るかは分からないけれど、この日の散歩では、ゆうき君がゆか子さんの手を引いて、「もっと、ステキな所に一緒に行こうよ！」と話し掛けているようでした。

ゆうき君が保育園のときから中学部二年生になるまでの一〇年間、私も見続けてきました。だからでしょうか、ゆう君がこれからはどんどん大人になって、ゆか子さんの先に立って歩いていく様子をふとイメージしてしまいました。そのときも、ぎゅっと手をつないでくれているんだろうなーと思ったら、「やっぱりゆか子さんは幸せ者だな」と心から羨ましく感じました。

第III部

夫婦のきほん

—不妊治療で得られた「幸せ」を語る玲子さん

カミングアウト

第6章 コミュニケーションがとれるかどうかが「夫婦のきほん」

1 今の自分が大事だから結婚はできない

第Ⅰ部では廣田貴子さんの半生記から「自分のきほん」を、そして第Ⅱ部では、障害のある子どもを育てるゆか子さんの事例から「親子のきほん」を考えてきました。この二つの考え方の「きほん」は同じであると考えています。それは、

自分、そして子どもという「人」の人生は、決して誰かの所有物ではない

ということです。人には、誰でも「おひとりさま」として尊重されるべき人格と人生がありま す。「女だから」とか「親子だから」という自分や、周りの人たちの思惑や思い込みで自分の人生を奪ったり奪われたりするのはもうやめませんか！　と、この本を書いている私たちは強く言いたいです。しかし、ここでも考えます。では、「誰にも奪われない、自分の人生」が生きられ

たとしたら、どのように私たちは生きていくのでしょうか？——と。

このように書くのは、この本の原稿を書いている間に聞かせてもらった仲間たちの言葉のなかに考えさせられることがあったからです。女性が「自分らしく生きる」と論じるこの本の話し方自体が、「結婚や、お母さんになることを強制してないの？」とか、「女性にだって、子どもを産まない選択もあるでしょう？」ということです。

また、現在三〇歳になろうというある卒業生と話をすると、「なんかさぁ、結婚って何？　子どもはいつかは欲しいと思うけど。結婚ってそんなにいいの？　正直、面倒臭いんだよね」と言い、「だから、あえて結婚も選択したくないのだ」と言っていました。

『本当は結婚したくないのだ症候群』という本が出版されています。北条かや(1)さんという、三〇歳前後の社会学者によって書かれたものです。「相手次第では」と思ってはいても、「『あなたに合わせたら、幸せになれる』と思えない結婚（相手）に、魅力はないのだ」と断言する北条さんの主張は、次のように要約できます。

「結婚以外の手段でも、社会から『認められている』という感覚が得られれば、女性たちはもっ

（1）（一九八六〜）金沢市出身。同志社大学社会学部、京都大学大学院文学研究科修士課程修了後、民間企業勤務を経て『キャバ嬢の社会学』を刊行。「BLOGOS」などのメディアに社会・経済系の記事を寄稿している。

と自由に、本当の意味で自由に生きやすくなる。そういう社会のほうが、王子様との結婚という、たった一つの生き方をロールモデルにせざるを得ない社会よりも健全だし、楽しいと思う」(2)

結婚以外の手段でも、社会から認められる＝自分の居場所があること、また王子様（三〇にもなって「王子様」とは?!　と私は思うけれど）との結婚よりも「楽しいと思う」生き方がしたい。

言葉の揚げ足取りをしても不毛でしょう。でも、「本当は結婚したくないのだ」という主張の理由は何なのか——私は、その卒業生の話にじっと耳を傾けてみることにしました。その理由は明確で、「友達を大事にしたいから」でした。

「幸せな結婚生活とかなんてねぇ？　だいたい結婚生活が充実するなんてね、ほかの人間関係を犠牲にしなくちゃできないことなんだから」

これは私の妹の名言ですが、これを聞いた卒業生は「本当にそうなの！」と強く同意しました。「これまで大事に築いてきた友人関係を犠牲にするんなら、今のままがいい。一緒に働きたい仲間もいるし……」と、卒業生は言いました。(3)

このことは、北条さんが小倉千加子さんの議論を引用しながら示す、「女性が相手に求める結婚の条件は学歴に応じて、『生存』→『依存』→『保存』と変化する」という話に当てはめれば説明がしやすいかもしれません。北条さんなら、きっとこう言うのでしょう。

高卒女性のように、自身の経済的な不安で「生存」が脅かされたり、短大卒の女性のように「妻は家事と趣味的仕事」で夫に「依存」しなければならないような生活を、専門職に就いた女性ほど求めなくていいのだから、と。

「今のまま」、自己保存ができなければ結婚はありえない。それは譲れない。私の卒業生にとっては、「今まで一番に大事にしてきた自分の友人関係」を一番に優先する生活が「自己保存」なのでしょうから、と。でもね、私たちはそんなみなさんにこそ、こう言いたいのです。

私たちが人生をともにすると決めた相手、あるいは子どもはね、最高の人生の仲間なのよ。

それについて、不妊治療に取り組んできた玲子さんの話をしていきます。

2「妊娠は、結果だから！」

ここに登場する玲子さんは、私の中学時代からの友人です。その彼女に、四三歳のときに再会しました。彼女は三五歳のときに結婚していたので、結婚して八年が過ぎていました。しかし、

（2）北条かや『本当は結婚したくないのだ症候群』青春出版社、二〇一六年、一九一、二〇五ページ。

（3）（一九五二～）心理学者でありフェミニスト。専攻は、女性学、ジェンダー論、心理学。

子どもはいませんでした。

ご主人は出張が多いようで、家にいる時間が少ないと聞いていました。数年単位で移り住んだあと、今住んでいる広島に転勤していたので、ご主人に合わせた生活リズムでは子どもがなかなか授からないのだろう、と勝手に思っていました。久々に会って、一晩同じホテルで過ごしたことで、何となく「今なら聞ける」と思った私は、彼女に尋ねたのです。

「ねぇ、玲ちゃん。どうして、玲ちゃんには子どもがいないの？」

彼女は、その質問に外連味《けれんみ》なくこう答えました。

「私、不妊治療をしているんだよ」

その後、玲子さんは、これまでに受けてきた不妊治療のことを、堰《せき》を切ったように話し続けました。三九歳の秋ごろから治療をはじめて、四年が過ぎているということでした。治療にはどれだけお金がかかるのか、治療がどれだけ痛いのかなど、彼女があまりにも詳しく教えてくれるので、私はとてもビックリしてしまいました。

「玲ちゃんに子どもがいないこと、聞いちゃいけないことだと私は思ってた。不妊治療についてなんて……」と、私は正直な思いを口にしたあと、「語ることは、とってもツラいことなんだろうと思っていたから。玲ちゃん、無理してない？」と言いました。

彼女は私をじっと見つめて、嘘偽りはないというように言葉を返してきました。

「人によってはね、辛いよ。でも、私はもう、あと卵子を三つ凍結していて、それで治療を終えようって旦那とも話して決めてるから。だから、今はもうすぐ終わりだ、って、とっても清々しい気持ちでいるの」

絶句してしまった私に、彼女はこう続けました。

「正直言って、この治療中に無神経な言葉を浴びせられたこともあるの。ある友達は、そのときに付き合っていた彼氏とうまくいっていなかったんだけど、その彼との恋愛について相談しているときに、急に『結婚したって子どもがいないと意味がない。子どもがいない夫婦なんて結婚している意味がない』と言いだし、結婚して子どもがいることが幸せという価値観を前面に出し、押しつけてきたことがあったの」

無言で聞き続ける私に、彼女はさらに話を続けました。

「またある人に、その人も不妊治療をしてたんだけど、電話で『言っとくけどね、子どもができるかできないかって結果だから。プロセスがどんなによかったとしても、できなきゃできないで同じだからね。結果なの』って言われたことがあったの。こっちは先生とも上手に相談をしながら進められてきて、だいぶ落ち着いてきたときだったけど、その人にとっては、そのときが一番きついときだったのかもしれない。また、年齢も少し上だったので身体のこともあり、家庭環境でもプレッシャーがあったのかもしれない。今思うと、彼女自身、相当追い詰められていた時期

Column 1　不妊治療後に妊娠をし、出産した女性による不妊体験のストーリーライン

不妊治療後に妊娠し、出産した女性の不妊体験を意味づけるプロセスは、「不妊である自己と向き合う体験」を経て「前進する力」（治療中の苦難を克服しようとする力：筆者）を得ながら「不妊である自己と折り合う体験」を経験し、「価値観の転換」を生じることで不妊治療後の意味づけに至っていたという。女性が不妊である自己と向き合った際に生じる葛藤を理解することや不妊体験を語る場を設け、価値観の転換を促す看護が不妊治療を受ける女性を支援するうえで重要である。

＊荒井洋子・阪元忍・国（旧字）清恭子・常盤洋子・中島久美子「不妊治療後に妊娠し出産した女性が不妊体験を意味づけるプロセス」『日本生殖医療看護学会誌』第８巻第１号、2011年、24～25ページを参照して記述。

かもしれない。結局、治療をしている人同士でもそういう言葉が出てくるくらい、肉体的にも精神的にもきつい治療なの」

「無理してるんじゃない？　ツラいんじゃない？」という私の言葉が理由で、彼女はそこまで一気に話してくれました。なぜ玲子さんは、こんなにまで私に話をしてくれるんだろうと思いながら、話を聞き続けていました。

「子どもができるかできないかって結果だから。プロセスがどんなによかったとしても、できなきゃできないで同じだからね、結果なの」という友人の言葉が、まるで「受験で大学に受かる、受からないっていう感じ」だったこと、そして、その友人が「とても優秀な人」で、「もしかしたら、今までの人生で経験したことのない大きな挫折だったのかもしれない。どんなに努力して

図２　不妊治療後に妊娠し出産した女性が不妊体験を意味づけるプロセス

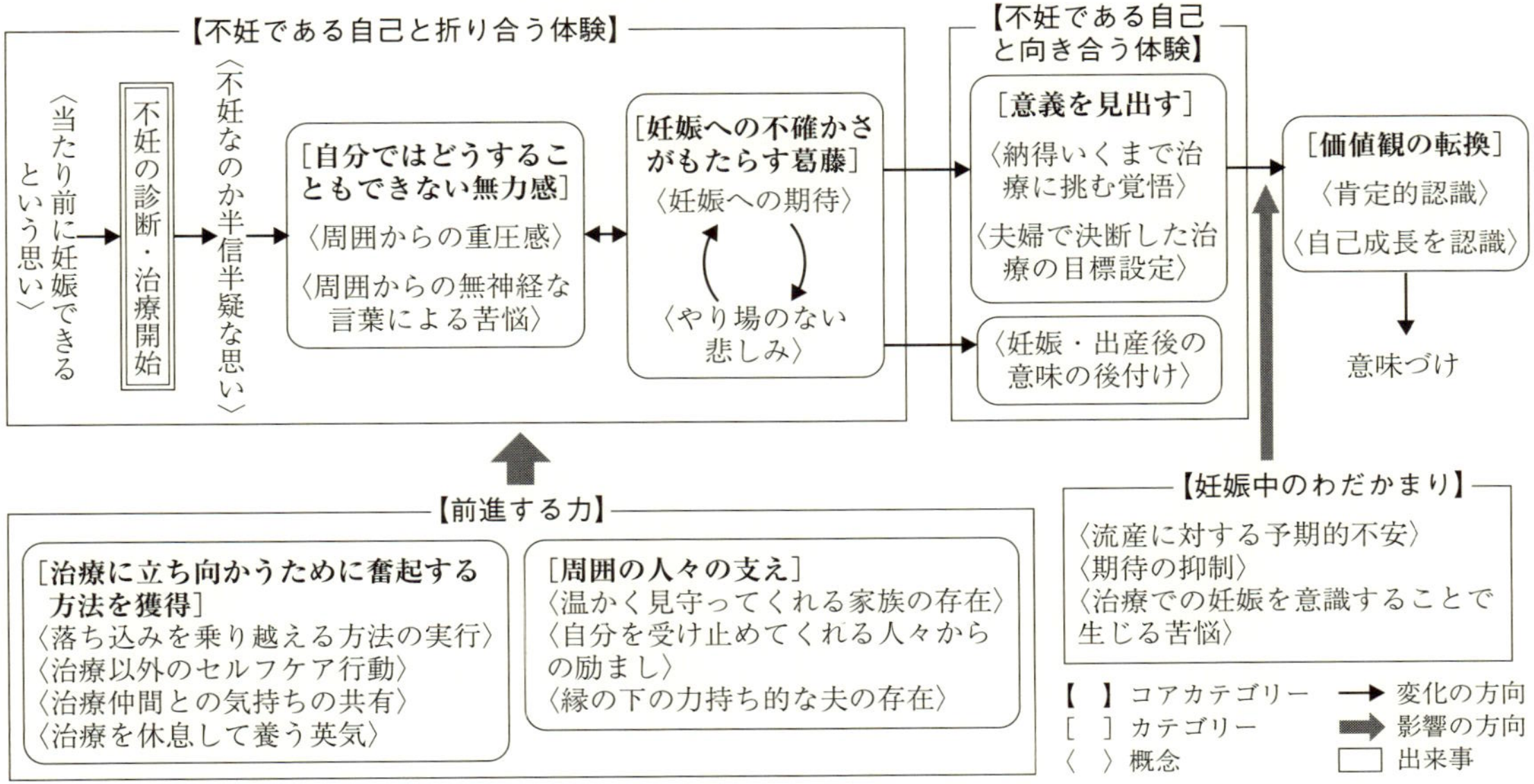

出典：荒井洋子他「「不妊治療後に妊娠し出産した女性が不妊体験を意味づけるプロセス」『日本生殖医療看護学会誌』第８巻第１号、2011年、25ページ。

頑張っても、結果として残せないことがあるというのを改めてリアルに感じてしまったのかもしれないと思ったの。人って、人生のなかでいろんな経験をして成長すると思うんだけど、不妊治療という経験もお互いの成長にプラスになればいいなと思う」という玲子さんの言葉に、滲む思いやりと言葉にならない思いを想像してしまい、私はただ泣くことしかできませんでした。(4)

3　カウンセラーがいたから治療が続けられた

「不妊治療において、妊娠っていう結果がすべて」という言葉ですが、この言葉はやはりアラフォー世代の、優秀な女性のものでした。アラフォーって何だろう？　どうして、そんなに努力した「成果」にそこまでこだわっちゃうんだろう？　玲子さんの話、大学の学生さんに聞かせたいなー。また、読者のみなさんにもぜひ聞いてほしい。恐る恐る、私は玲子さんに言いました。

「女性の生き方についての本を書くから、玲ちゃんを取材させてもらえないかな？　私、玲ちゃんが住んでいる広島に行くから、旦那さんにも話を聞かせてもらえないかな？　無理かな？」

「いいよ。私も一人でも多くの若い世代の人たちに、知ってもらえたらと思うから」

広島に着くなり、「Perfume が好きだから、広島焼きのソニアっていうお店に行きたい！」と言う私を、玲子さんと旦那さんはお店まで案内してくれましたが、残念ながら閉店したあとでした。落胆する私を優しく気遣いながら、二人は横川駅近くのお店に連れていってくれました。そして、広島焼きを食べながら、「お話を聞かせてください」と旦那さんに頼むと、旦那さんは「飲んでいいですか?」と言いながら、私の取材を了解してくれました。

玲子さんのマンションに到着しました。瀟洒《しょうしゃ》なマンションです。凄いなぁ、こんな素敵な所で「奥さんとして養われる」ってどんな感じなんだろう? 玲ちゃんは結婚後に仕事を辞めており、「専業主婦」となっていました。

ああ、本当に凄い! 専業主婦になりたい! いや、私は「普通」になりたい。結婚して働かなくても、高額な不妊治療費も全部出してもらえる。患者なんだから、一方的に旦那さんに「養われる」のだと私は思い込んで疑わなかったのです。夫婦であるからには、「専業主婦であろうと、患者であろうと、夫婦は対等な関係である」ということを、そのときの私はまだ理解できていませんでした。

台所の大きなダイニングテーブルにICレコーダーを乗せて、スイッチを入れました。旦那さ

---

(4) 荒井洋子・阪元忍・国(旧字)清恭子・常盤洋子・中島久美子「不妊治療後に妊娠し出産した女性が不妊体験を意味づけるプロセス」『日本生殖医療看護学会誌』第八巻第一号、二〇一一年、二三〜三一ページ。不妊治療後に妊娠し出産した女性が不妊体験を意味づけるプロセスを修正版グラウンデッド・セオリー・アプローチM-GTAにより図式化した内容については、二〇五ページの**図2**を参照してください。

んは、缶チューハイを飲みながら、玲子さんとのインタビューに参加をしてくれました。二人のなれそめや結婚までの話を聞いたあと、「不妊治療はいつくらいからはじめたの？」と尋ねる私に、玲子さんが「三九歳かな、四〇にはなってなかったと思う」と答えると、旦那さんが次のように答えてくれました。

「そのあたりは、二人でいろいろ言い合ったりね、非難することも多かったね」

「どんな？」と私が尋ねると、玲子さんは次のように答えました。

「不妊治療してるって、あまり言いたくない人が多いみたいで。私も治療をしているときっていうのは、身内にも言いたくないし、友達にもあまり話したいっていう気分じゃなかった。やっぱり、感情の波がある。ちゃんと話ができるときはいいんだけど、できないときは当たり所がここ（旦那さん）しかないので当たってしまって……。もちろん、彼もそれに耐えられないときがあるわけ。仕事でもいろいろあるわけだし。この人なりにいろいろ考えてはいても、やっぱり私とは噛み合わないときもあったりして、家に一緒にいても重苦しくて……。こっちにしてみれば、

伝えたいことが、あるんだ

腫物に触るような殺伐としたっていうときもあった。

四一歳の夏に、彼の転勤で広島に来ることになったから、それまで通ってたクリニックに通えなくなるって、衝突して……。そしたら、病院を変えたくないいんだったら、広島から通えばいいじゃないかっていう話になったの。そのクリニックで専門のスタッフと話すことで、少しずつ自分で責任を背負うことじゃないって、強がりとかプライドじゃなく分かるようになってきたの」

この言葉を受けた旦那さんが、「カウンセラーの力が大きいですよ。それまで、『私がどれだけ大変か分かってるの?!』って、彼女は一人で抱え込んでいるような意識になっていました。僕も話は聞くけれど、同じような感覚でしゃべれなかった。そこをカウンセラーがうまく聞いてくれて、そこで落ち着いてきたような感じがあったよね」と答えてくれました。

「その後、二年くらいは本当に穏やかに治療ができて。私だけが特別っていうわけじゃなくて、みなさんに同じように対応されているんだけど、素朴な疑問とか、それ以外の雑談ができるようになってくると、そのカウンセラーさんも自分がその立場だったらとか、彼女が彼女なりに人生で思うことを伝えてくれたことで落ち着いたの。どっちの結果になろうが、自分らしくやっていけるかなって。カウンセラーさんが一人の人間としての話をしてくれたことで、考え方とか立ち直り方とか、だいぶ自分で組み立てられるようになってから、旦那にも必要以上に当たらなくなったと思うよ。この人はこの人で、結果が出なかったことは残念に思うけど、そういう意味では

Column 2 不妊治療を受けているカップルの親密さを高める介入プログラムの開発

心理カウンセラーの支援により不妊治療を継続し続けられることについては、野澤美江子「不妊治療を受けているカップルの親密さを高める介入プログラムの開発」（『日本生殖看護学会誌』第八巻第１号、2011年）が非常に興味深い。「不妊治療を受けているカップルがお互いを大切に思い、妊娠できないことや不妊治療に伴って生じる心の内面をカップル間で分かち合うことで、不妊という問題解決へ向け共に努力する。こうした親しい状態」を実現するために、「基本的信頼の実感」「性的満足感」「自己表出」「共に治療に取り組むこと」「悲しみの分かち合い」を構成要素としたプログラムが示されている。その具体的エクササイズの一部は次表の通りである。夫婦における「基本的信頼」の構築が重要課題とされている。

表４　エクササイズの内容（一部抜粋）

基本的信頼感の実感を高めるエクササイズ	１．朝最初の一言は、笑顔で「おはよう」 ２．些細なことでもパートナーがしてくれたことに対して、「ありがとう」。他
自己表出を高めるエクササイズ	１．帰宅したら、今日の出来事をパートナーに話そう。 ３．パートナーに対し思っていることや推測を口に出して確かめてみよう。他
共に治療に取り組むことを高めるエクササイズ	４．パートナーと治療の話題を話すことを避けない。 ５．「あなた／君に任せる」「あなた／君が望むなら」は、口にしない。他
悲しみの分かち合いを高めるエクササイズ	１．パートナーが悲しみや辛さを口にした時は、じっと耳を傾けよう。 ３．パートナーが悲しみや辛さを口にした時は、安易に励まさない。他
性的満足感を高めるエクササイズ	３．１日１回は、横に座ってボディタッチしよう。 ４．排卵日以外にもセックスしよう。他

出典：野澤美江子「不妊治療を受けているカップルの親密さを高める介入プログラムの開発」『日本生殖看護学会誌』第８巻第１号、2011年、14ページ。

負担が軽くなったんじゃないかなって」

「こっちに来る前は本当に凄かったもんね」と旦那さんは言ったあと、「僕の会社の仲間、同じ社宅に住んでいる人は、子どもができてお祝いすると菓子折り持ってきてくれたりするのよね。それに対して、彼女はすごいヒステリックになっていたから。こっちは子どもいないのに無神経だとすごく大騒ぎしたから、あのころが一番大変だったよね」と、そのときの彼女の様子を教えてくれました。

玲子さんはサッパリした性格で、三〇年も友達でいた間に、それほどのヒステリーを私に見せたことはまったくありません。それだけに、玲子さんが精神的にかなり追い詰められていたことが分かりました。

「それから、カウンセリングを受けて楽になったんじゃないかな？」という旦那さんの言葉に、

「うん。いろんな考え方があるって、カウンセラーさんが教えてくれて、主治医の先生も、夫婦でどれだけ向き合って話ができるかっていうことが大事だから、それは覚えておいてね、って」

と、玲子さんは答えました。(5)

---

(5)　不妊治療者への心理士等のコメディカルスタッフの精神的サポートの重要性については、實崎美奈「不妊治療を長期継続した女性の継続要因に関する質的研究」『日本生殖医療看護学会誌』第八巻第一号、二〇一一年、三三～三九ページで強調されている。

4 なんで、離婚するんですか?

私は玲子さんの言葉を受けて、「夫婦で向き合って、どんな話をしてきたの?」と尋ねました。玲子さんは、「まぁ、子どもがいたらいたで楽しいし、いないならいないで、結婚生活をはじめてからの生活がこのまま続くわけじゃない。それがすとんと心に収まったのよね」と答えましたが、旦那さんは残念そうにこう答えました。

「僕のほうがね、子どもに対してこだわりがある」

「でも、基本的にはこのままだから別れるっていうことは違うし、このペアで楽しくやっていけたらいいなとは思ってるよね?」という玲子さんの言葉に、旦那さんは「定期的にね、もうそろそろ治療を辞めたいって言われる。僕はまだ年齢的にも諦める年齢じゃないって、諦めずに説得してきたっていうのはあるよね」と答えました。

「でも、治療をしてると、予定がやっぱり立てづらいのよね。友達に治療をしてるって言ったところで、普通の感覚だったら相手が気を遣うだろうから、なかなか自分の予定を入れたくても入れられないっていうのが、すごい窮屈でストレスというか……。治療も大切なんだけど、私の普段の生活で私らしく生活することもすごく大事だから、いつで治療を辞めるのかとかを明確に、温度差がないようにしておくことは大切かなって思っているの。まだ治療はしているけど、以前みたいにそれを中心にした生活っていうわけではないから。そこは、この人も同じように納得して、まだスパッと諦められる年齢ではないけど、いつまでもそれにかける時間とお金っていうことを考えたとき、そんなあと何円も何年もやることではないから」

玲子さんが「何円も何年もやることではない」と言ったので、私は率直に「どれくらいかかるの？」と尋ねてみました。すると玲子さんは、「その人その人、あと病院にもよるけど、だいたい一回三〇～四〇万くらい」と答えたので、私は思わず「えっー！　お金持ち‼」と大きな声を出してしまいました。

「僕は、本当にお金かけてもいいと思っているから。それくらい、子どもは大事なものだと思っているから」

酔いの勢いでは決してない、力強さが旦那さんのその言葉にありました。私が、「凄いねー。本当に男らしいね」と思わず言うと、玲子さんは「男らしいのかな？　分かんない」と答えました。「でも、そこまで言ってもらえるなんて……」という私の言葉に、本当に申し訳なさそうに旦那さんは、「でも、そのために彼女に無理をお願いしていることは分かっているんだが……」と答えていました。

そうか、この二人のなかでは、玲子さんが旦那さんに「治療費を出してもらっている」のではなく、旦那さんが「奥さんに無理をお願いして、奥さんに治療を受けてもらっている」と思って

Column 3 不妊に悩む方への特定治療支援事業について（厚生労働省ホームページより）

特定不妊治療（対外受精および顕微授精）以外の治療法によっては、妊娠の見込みがないか、または極めて少ないと医師に診断された法律上の婚姻をしている夫婦で、夫婦合算の所得が730万円までの夫婦に対する助成制度。受給者数は平成24年度で13万4,943人となっており、5年前と比較すると約2倍まで増加している。2014年4月1日以降、次表の通り、対象範囲と助成回数が変更された。

表5　不妊治療への助成の対象範囲の変更点（2014年4月1日より）

	対象年齢	年間助成回数	通算助成回数	通算助成期間
現行制度	限度なし	年間２回（初年度３回）	通算10回	通算５年
新制度	43歳未満（2016年４月から実施）	限度なし	初回40歳未満 通算６回 初回43歳未満 通算３回	限度なし

出典：厚生労働省パンフレット

いるんだ――そう気付いた私は、旦那さんの玲子さんに対する精いっぱいの思いやりの理由を、少しだけ理解ができたような気がしました。

「どうしても、男性が代わって通院することはできないから。不妊治療のオペって、麻酔しないのよ」

玲子さんの言葉に、「痛いの？」と私は尋ねました。

「痛いの。それが辛くて、治療が続けられない人もいるわけよ。痛いし、私みたいに他県に通院すれば通院費もかかるし。助成金（**コラム3参照**）も出るけど、うちはもうその対象にはならない夫婦なので、自分たちの自己負担でやらなきゃいけないのね。

夫婦によっても、お金がかけられる人とかけられない人がいるから、そのために仕事を辞めないで頑張っている女の人もいる。彼はお金を惜しまないって言ったけど、だんだんとお互いの年齢も重なってきているわけで……。でも、私だけ納得しても、それでいいっていう問題じゃない。この人がまだ私ほど納得してないのに、私だけの都合だけで終わりにできないのよね。納得するっていうのはとても大事だから」

「納得するっていうのはとても大事だから」という言葉をかみしめながら、私はこう言いました。

「聞いていてすごく思ったのは、不妊治療をして子どもつくるっていうのは、ものすごく二人で思いを重ねて、お互いのことを思いやってのことなんだなということ。ここまで二人が向き合えているっていうことが、とても羨ましく感じた。時間や犠牲を重ねるたびに、どんどん必死になってずっと一緒にやってきたわけじゃない？　お互いに向き合えて。だって、さっきから旦那さんが『負担をかけちゃってるから』って思いやっていることが凄いって思うよ。でもさ、なんで離婚しないで、ここまで続けてこられたんだと思う？」(6)

(6)　本章の註（5）にて紹介した「實崎美奈（二〇一一年）」でも示されているように、不妊治療中の夫からのサポートは長期にわたる治療継続の意欲を存続させる要因として非常に重要である。野澤美江子「不妊治療を受けているカップルの親密さを高める介入プログラムの開発」『日本生殖医療看護学会誌』第八巻第一号、二〇一一年、一三～二一ページもある。

私の言葉に、旦那さんは声を高くしてこう言いました。

「なんで、離婚するんですか？」

その旦那さんの言葉に感激した私は、心からこう言いました。

「ステキ……！　なんか、凄い！　その一言が愛なんだと思う」

5 ダイヤモンドではないけれど

「なんかー、玲ちゃん幸せだね」

しみじみとそう言う私に、旦那さんは「でも、それ以外だと腹立つことあるから。……うん、まぁ幸せ。傍から見たらそうなのかもしれないですけどね。奥さんがもう少し優しかったらね、幸せだと感じられると思います。そこまでは感じられないですからね」と、照れ隠しのように答えてくれました。

玲子さんはそんな旦那さんの様子に、「ふぅーん、そうなんだ。幸せじゃないのね」と怒った顔をして言いました。私の前では大人びた表情しか見せない玲子さんが、明らかに旦那さんには安心しきって甘えていました。

旦那さんが、「まぁ、奥さんの顔色を見て生活しているので……」と答えると、「不幸なら、不幸って言って」と玲子さんは言い返しました。旦那さんは「不幸じゃないよ。何を言ってもキリがないし、これが僕の人生なのかなって」と、絵に描いたように幸せそうな顔をして「玲ちゃんは？」と答えました。

何だか、インタビューが二人の幸せの誓いのようでした。

「私も、なんか普通に幸せかな。この人は、女の人を振り回すとかないからね。私が振り回している。なんか……こう、ぬいぐるみっぽいじゃゃん？　ペットキャラっていうか。だから、八つ当たりしやすいんだと思う」と、現状には何も不満はないかのように、玲子さんは満足げに答えました。

「夫婦二人だったから、よかったっていうことはある？」

幸せの誓い

私の質問に玲子さんは、「えー、今すぐに、ぽんって答えられることはないんだけど……」と前置きしてから次のように答えてくれました。

「今、私はこれで満足してるから、二人がいいような時間が過ごせるじゃない。子どもがいればそれで幸せな関係なんだろうけど、今は、男女っていうかパートナーとして見られるっていう感じかな。ケンカもしたり、私も言いすぎたり、そういうのも一通りやっているし。今は、これはこれでいいなぁーって。それでもやっぱり、努力も忍耐も必要だから。それは子どもがいても同じだろうけど、二人で話ができたり、話し合いができたりすることはすごく大切なことかなって思ってる」

「ここまで向き合って、付き合える人ってなかなかいないんじゃない？」という私の質問に答えたのは旦那さんでした。

「ちゃんと分かりあっているとは思えないし、一〇〇はないよね、お互い。まったく違う人間だから。あなたや自分が言うほど、人間できてないよ。（笑）わがままなんだから」

「それもそう。でも、私は私でわがままを出せるのはここしかないから」と、玲子さんは旦那さんに答えていました。

「不妊治療があったおかげで、治療の一つ一つで、お互いが納得するまで二人で確認し合って、話をして。独り身だったら自由に自分の勝手で決めるから基本的にはいいんだけれど、結婚生活を続けていくのは小さいことから大きいことまで話し合って決めないといけないんだ。そうしたほうがいいこと、するべきだなっていうことがあるよね。私の場合は、この経験のおかげで、話し合って波風立つことはあっても、そういうときも経て、同じように納得して歩んでいけたらいいかなって思っている。やっぱり……大事だと思っているから。『恋愛は非日常、結婚は現実。結婚式は恋愛期間からの卒業式だから！』って嶋ちゃん（嶋守）には言ったけど、キラキラしたダイヤモンドではないし、いつまでも恋人同士っていうんじゃなくて、だんだん家族愛に変わってきている。それが大事なことかな」

玲子さんにとって不妊治療で得られた大事なことは、旦那さんと話し合えること、夫婦でしか出せないわがままを出せること、そして、家族あるいは夫婦関係で素敵なのは何よりも信頼があってこそなんだと、強く思えるインタビューでした。

第7章 男としてでも女としてでもなく、人として
——不妊治療を学生さんに語る玲子さんの話から考えてみよう

1 信頼は、つくり続ける努力を積み重ねてこそ

さて、最後の章です。もっともっと、みなさんとは話をしていたいと思うのですが、この本は第7章で終わりです。ここでは、「私たちが伝えたいこと」や「伝えなければならないと考えたこと」をきちんとまとめていくことにします。

第Ⅰ部では、キャリア形成に半生を捧げてきた廣田貴子さんの話、第Ⅱ部では、障害のあるゆうき君を育ててきたゆか子さんの話をしてきました。そして第6章では、不妊治療に取り組んできた玲子さんへのインタビューについて示してきました。廣田さん、ゆか子さんの話をしたあとに玲子さんの話をしたのは、第6章でも示した次のことを強調しておきたいからです。

私たちが人生をともにすると決めた相手——あるいは子どもは、人生の最高の仲間なのよ、と

いうことです。しかし、それは結婚をしたり、子どもが生まれれば自動的にそうなるというわけでは決してありません。自分たちで関係をつくり続ける、努力してつくり続けるからこそ人生の最高の仲間になりうる、ということが言いたいのです。

玲子さんは、過重なる治療費の負担や痛みについても語られていました。「僕は本当に金かけてもいいと思っているから、子どものためだったら。それくらい、子どもは大事なものだと思っているから」と旦那さんは言っていました。また、「でも、そのために彼女に無理をお願いしているのは分かっている」という言葉もありました。

旦那さんの言葉から感じられたのは、「無理をお願いして、治療を受けてもらっている」という玲子さんへの申し訳なさと感謝の念でした。また、誰よりも子どもを望んでいるのは旦那さんなのに、子どもができないからという理由で「何で、離婚するんですか?」と私に声を荒げて、「不妊が自分たち夫婦の離婚の原因にはならない」と強く伝えてきた場面もありました。

そうした旦那さんの言葉や態度から、少なくともインタビューをした私には嘘が感じられませんでした。二人で夫婦関係を何よりも大事につくり上げてきたんだぞ、という凄みを感じたぐらいです。そして、何より玲子さんと旦那さんとのやり取りを聞いていて一番感動し、安心したのが、「子どもがいればそれは幸せな関係なんだろうけど、今は、男女っていうかパートナーとして見られるっていう感じかな。（中略）今は、これはこれでいいなぁーって。それでもやっぱり、努力も忍耐も必要だから。それは子どもがいても同じだろうけど、二人で話ができたり、話し合いができたりすることはすごく大切なことかなって思ってるかな」という言葉です。

この本の原稿を書いている今、玲子さんは不妊治療を終えて、これまでとは違う生活を旦那さんとともに過ごしはじめました。「今はとっても清々しい気持ち」と、玲子さんはとても明るく笑っています。きっと、やれることはすべて夫婦二人で努力してやり尽くしてきたことで、ともに努力し続けられる相手だと分かったから、これからもずっと一緒にいるという決意と絶大なる信頼があるのだなと、玲子さんを見ていて私は思います。

治療という経験をしたことで、「これからの人生もともに歩いていく」という決意を新たにしたのでしょう。玲子さんと旦那さんが、新たにお互いを人生のパートナーとして選んだという事実がやはり素晴らしいと思えます。

2　旦那さんは親友を超える

三九歳から四四歳までの五年間、玲子さんは不妊治療を受けてきました。先行研究によると、「治療が長引く場合には、夫婦間の情動的緊張関係が一年目には緩やかではあるが強くなり、二年目ではやや正常に戻り、三年以上では明らかに強くなる」と報告されているそうです。また、「治療歴が一～三年の女性は一年未満あるいは六年以上の女性と比べると抑うつ傾向が強い」[(1)]とも指摘されています（不妊治療期間、諸費用の「平均」、治療方法などについては**コラム4**を参照）。

不妊治療がとても辛かったとき、玲子さんはやはり「何で自分だけが」という思いにかられたそうです。「結局、妊娠しないんだけど、採った卵子を精子と受精させて、ちゃんとつながって受精卵となったもの、妊娠するちょっと前段階のものをお腹に戻してお薬とか飲むんだけどね、女性ホルモンが減らないように。でも、やっぱり陰性だったと言われると、毎回毎回、ここまでやっても育たないのって思うわけ。ある程度厳しいよって聞いていても、なんでこんなに痛い思いをし、心も体も、痛い思いばっかりしなきゃいけないのって。本当に誰とも会いたくないし、誰にも言えないし、一時、旦那に対してさえも、『こんなに痛くて、辛い思いしてんの、本当に分かってんの？』って心で責めてた」

こうした思いに駆られたとき、玲子さんはその痛みや思いを旦那さんに伝え続けたそうです。旦那さんが仕事を終えて帰宅するのが深夜〇時過ぎ、その後、深夜の三時くらいまで、玲子さん

（1）　鶴巻陽子・江守陽子・村井文江・永井泰・小笠原加代子・石渡勇「不妊資料の長期化が女性の日常生活と健康に与える影響について」『母性衛生』第五四巻第一号、二〇一三年、七九ページ。

Column 4 不妊治療の費用と期間の平均

不妊治療について社会への発信や啓発を行っているNPO法人「Fine」によると、治療を受けるカップルが増加した原因は、①晩婚・晩産化、②キャリアを積む時期と妊娠適齢期が重なる、③「卵子の老化」など身体についての知識が乏しい、④不妊治療の医療レベルが上昇した、⑤働く女性への妊娠・出産、育児への社会的支援が不十分、などとされています。

「35歳を過ぎると妊娠のリスクが高くなる」と言っていた医師も、「今は『マル高』にあたるのは実感として40歳以上」という医師もいます（「45歳まで産める！　これだけの理由」という特集を、『プレジデント・ウーマン』第53巻第23号、2015年が組んでいる)。

不妊治療費の高額さや期間も気になります。2013年に「Fine」が1,993名に対して行った調査によると、最も多かった治療費の総額は「100万～200万未満」の495人（24.8%）で、「100万円以」と答えた人の割合は55%以上と半数を超えたそうです。一方、治療期間は「2～5年未満」が43.2%と最も多く、「5～10年」も13.4%で、治療が長期化していることが分かります。

こうした状況をふまえて「Fine」では、2014年10月、文部科学省に「中学校・高校の学習指導要領におけるカリキュラムへの『妊娠・出産に関する正しい知識教育』の追加に関する要望書」を出しました。「結婚や妊娠・出産の時期、あるいは結婚しない、産まないというライフプランを立てるには、若いうちからの妊娠・出産・不妊に関する正しい知識が不可欠」であり、「40歳になって不妊治療を始める人は、なし崩し的に治療に入った人が多い」という現状があるといいます。また、「男女ともに正しい知識をもってもらうには、義務教育の場が最適」だと「Fine」は示しています（松本亜樹子「仕事と不妊治療のジレンマを抱える体験者たちを支援――妊娠・出産・不妊についての正しい知識をもってもらいたい」『女も男も』第124号、2014年、62～70ページ参照）

の話にじっと耳を傾けたそうです。旦那さんはどんなに仕事が忙しくても、「家に帰らないといけないんで。これから玲子っていう仕事が待っているんで」という思いで、玲子さんの言葉を受け止めていたそうです。

本文には掲載しませんでしたが、二人へのインタビューでは、「ちゃんと学んで」とか「はい、学びます」という二人のやり取りが随所に見られました。こうしたやり取りの結果、ほかの人には伝えられない思いや気持ちを旦那さんにだけは出せるという安心感を玲子さんはもてるようになったわけです。

前述したように、私と玲子さんは三〇年来の親友です。会えば、いや会わなくても、話をすればすぐに通じ合える関係ですし、何でも話し合える相手であるからこそ、相手が言いたくないんだなということは聞かなかったつもりです。不妊治療で本当に辛かったとき、玲子さんは私にかぎらず、自分のことなど誰にも言えなかったのです。でも、旦那さんにはそれが言えた。そして、親友にも見せないわがままを旦那さんには出せたのです。そんな話を聞いたとき、私は思ったのです。

ああ、旦那さんは親友を超えて、信頼できる存在になれるんだな、と。

第Ⅱ部の冒頭で、私たちの母親たちの世代が抱いたロマンティック・ラブ・イデオロギーの話をしましたよね。専業主婦になる夢を抱いたけれど、結局、仕事を理由に家庭にいない夫への恨みが、団塊の世代の女性たちには根深くあった、と。いつしか旦那には「期待をしなければいい」と諦め、自分の欲望を満たすために、とくに娘の養育に母たちは力を入れてきたのだ、と。

こうした状況を冷静に分析しているのが上野千鶴子さん(2)です。信田さよ子さんとの対談で、上野さんは次のように述べています(3)。

「母親は、夫に対する不満とルサンチマンを娘への期待に転化するわけですね。父親はモデルにならない。それどころか夫のモデルにすらならない。父親のような夫をもったとたん、母親のような人生が待っていると、ひたすら教え込まれる。そうすると日本の娘には成熟のモデルがありませんよね」

仕事人間が父親だった私たちの世代の娘にとっては、父親は常に家庭にいないという存在でした。ですから、家庭での父親もそうですが、夫の役割や具体的なあり方については「よく分からない」というのが本音です。「自分の父親とは違う人」を人生のパートナーに選ぶことはあっても、何が「家庭の成熟」なのかは分からないのです。ですから、「日本の娘には成熟のモデルがない」という上野さんの指摘には、ああ、そのとおりだなぁーと思います。けれど、次の言葉は悲しいなあーと思うのです。

団塊の世代の母親たちは、「六十年も生きてきて夫への幻想はとっくに崩れたのに、今ごろになって今度は親友だなんていうのはあまりにキモチ悪い（笑）」と。

3 改めて「夫婦の役割」って何だろう？

実際、私の母にしても、「男はもうコリゴリ」と機会あるごとに言います。そして、信田さんや上野さんが本で述べているように、母もまた友達との関係をとても大事にしています。

「友人をつくるのは恋人をつくるより、家族をつくるより、もっとむずかしい」と。

また、「恋愛や家族のように、定型化された役割がないからです。利害がないぶん、長所も欠点も含め相手をまるごと受けとめて、対等な関係を築かなければなりません(4)」という見解を上野さんは示しています。

上野さんによれば、「契約にも利害にもよらない人間関係ほど、つくるにも維持するにもむずかしい関係はありません。あるときぷっつんと途切れても文句はいえない。なぜ避けられるようになったかもわからない、そんな人間関係」が友情なのだそうです。確かに、人間、結婚していてもいなくても、最期には一人になります。その最期を看取ってくれる友情があれば本当に素晴

(2)（一九四八～）フェミニスト、社会学者。専攻は、家族社会学、ジェンダー論、女性学。東京大学名誉教授。

(3)信田さよ子『それでも、家族は続く　カウンセリングの現場で考える』NTT出版、二〇一二年、二〇一～二〇二ページ、二一五ページ。

(4)上野千鶴子『おひとりさまの最期』朝日新聞出版、二〇一五年、一八五ページ。

図３　はじめての子どもを出産後の夫婦の愛情の変化

（ベネッセ教育総合研究所　2006～2009年縦断調査）

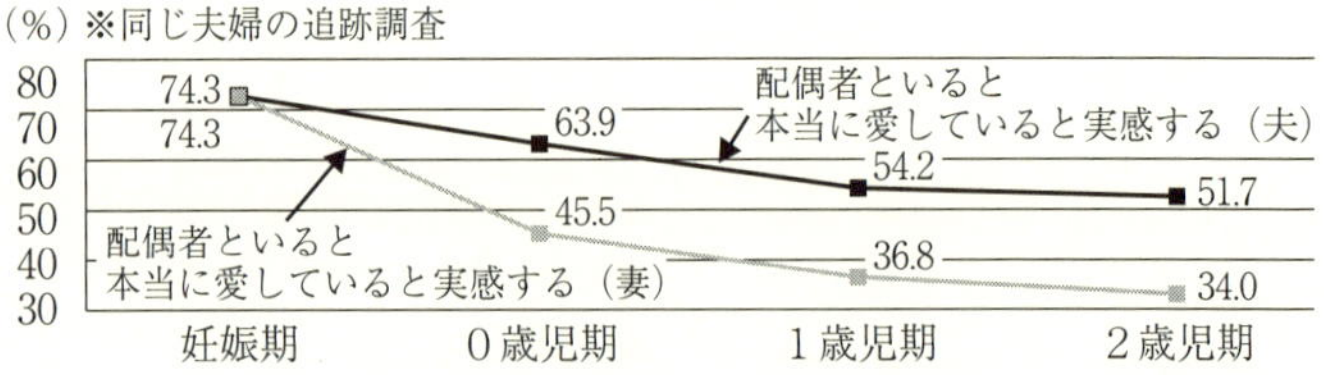

出典：第１回妊娠出産子育て基本調査・フォローアップ調査

図４　母子家庭になった時期

（平成23年　厚生労働省「全国母子世帯等調査」）

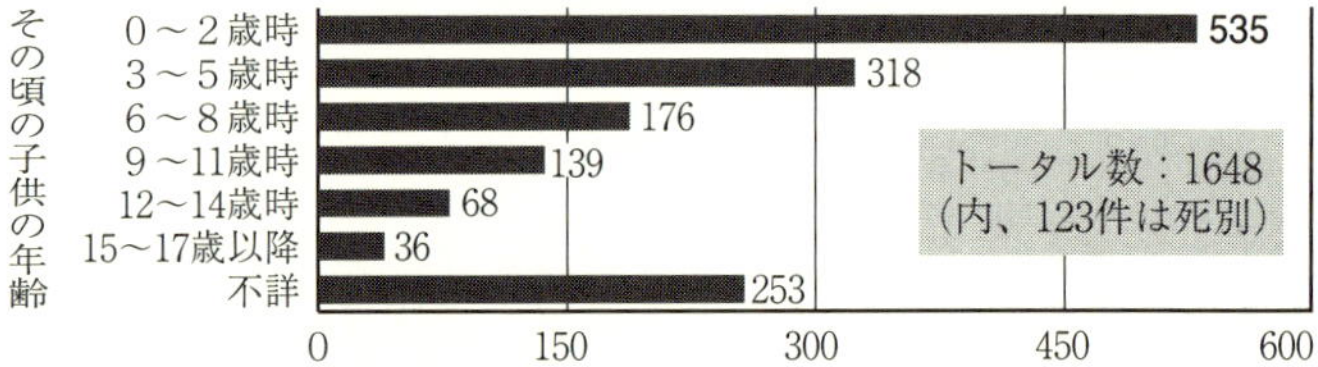

らしいことですし、現在おひとりさまの私も、そんな友情を大事にしなければならないと身につまされて考えたりもします。でもやはり、上野さんが示している夫婦関係という幻想、そして、恋愛や家族のように定型化された役割とは何だろうと思うのです。

とくに、現代社会と女性の現状は「晩婚化・晩産化」だと言われますよね。でも、第一四回出生動向基本調査によれば、子どものいない夫婦の五二・二パーセントが不妊を心配したことがあり、実際に二七・六パーセントの夫婦がその検査や治療を受けたことがあるといいます(5)。

これは、「子どもができないかも」と考えている子どもがいない夫婦の半数が、これからも子どもがいないかもと考えざるをえないということを示しています。つまり、結婚したら子どもができる、子どもを育てるということが「家族の定型化した役割」ではない、ということです。(6)

また、離婚もあります。本田りえさんは、ベネッセ教育総合研究所の調査結果（二〇〇六～二〇〇九年）や厚生労働省の「全国母子世帯等調査」（二〇一一年）を示しながら、「最も離婚危機が高まるのは子どもが小学校に上がる前か小学校低学年のころ。次いで多いのは結婚から二〇年以上たった夫婦ですから、産後の危機を乗り越えた場合、二〇年以上がまんをしながら子どもの成長を待っている夫婦が多いと考えられる」(7)としています。子どもの成長を待ちながら、「がまん」をすることが夫婦の役割なのでしょうか？

私たちアラフォー世代より年下の世代（第6章の冒頭で紹介した、「友達が大事だから結婚したくない」といった世代）になると、結婚や夫婦関係に対して非常に単純明快でドライな考え方を端的に表明します。

（5）国立社会保障・人口問題研究所「第一四回出生動向基本調査　4．不妊と流死産」二〇一〇年。http://www.ipss.go.jp/ps-doukou/j/doukou14/chapter4.html

（6）臨床心理士。専門はトラウマケア、被害者学。武蔵野大学非常勤講師。武蔵野大学心理臨床センター相談員。DV、ハラスメント、性犯罪などの被害者の心のケアに携わっている。

（7）本田りえ『みんな「夫婦」で病んでいる』主婦の友社、二〇一五年、三六ページ。

「今や、結婚したらハイそれで終わり、という時代じゃない。むしろ、結婚してからどうするかが問われる時代になっている。結婚がイベントじゃなくプロセスになっていると言ってもいい。方向性は大きく分けて二つある。一つは、これまでのパートナー選びの基準、つまり職業や家柄を重視して最初の結婚をし、定年後の再婚もいとわない方向。もう一つは、一生添い遂げるという結婚イメージを重視して、定年後までを見越した新しいパートナー選びの基準をつくりあげる方向。いずれにせよ、結婚観の大きな変容であることに違いはない」(8)

上野さんが示したように、「夫婦の成熟のモデルがない」私たちの現実は、本田さんが指摘するように、「結婚して子どもが二歳になる頃には離婚の危機を迎え、その後は子どもの成長を二〇年も待って熟年離婚する」ことが多いのかもしれません。だから、「今や、結婚したらハイそれで終わり、という時代じゃない。むしろ、結婚してからどうするかが問われる時代になっている。結婚がイベントじゃなくプロセスになっている」という考え方にも一理あると思います。

でも、あるいは、だからこそ、夫婦を人間関係として考えなければならないんじゃないでしょうか。夫婦という基本的な人間関係をつくり上げるということはどういうことなのか、定型化した夫婦の役割がないのなら、それをつくりたいと私たちは考えています。

4　玲子さんから、れいちゃんへ

「夫婦という基本的な人間関係をつくり上げるということ」はどういうことなのか、それを考えなければならないと先ほど述べました。それでは、また玲子さんの話に戻ることにします。というのも、「夫婦という基本的な人間関係」を「考えてつくり上げる」ために重要なことを、玲子さんの話から伝えたいからです。

広島で玲子さんと旦那さんにインタビューをして名古屋に戻った直後のことでした。きっと運命的な偶然だったのでしょう。タイミングよく、「せんせい。私、保育学部生なんだけど、子どもをテーマにした論文を書きたくないの」と相談してきたゼミ生がいました。本当に素敵な偶然だったのは、そのゼミ生の名前が「れいちゃん」だったということです。

「ふぅーん、分かった。今さ、不妊治療の経験談を語ってくれる女性の取材をしていて。その人も玲ちゃんって言うんだけど、もし、れいちゃんが興味をもてるんなら、『不妊治療から考える女性の生き方』をテーマに卒論書いてみたら？」

(8)　榛原赤人「日本婚活思想史序説11　熟年離婚と婚活の幸福（？）な関係」『週刊東洋経済』二〇一四年八月九～一六日、一一五ページ。

そう提案するとれいちゃんは、「うん、面白そう」と言ってくれました。広島の玲子さんに、「卒論のために、話を聞かせてほしいっていうゼミ生がいるの。もしよかったら、名古屋まで来てくれないかな?」と電話をすると、「喜んで」という返事をもらいました。善は急げ、です。私は二人を研究室に呼び、話をしてもらうことにしました。

ここからは、二人のインタビューの内容を示します。玲子さんが、若い女性たちに伝えたかったことが明確に分かるように、第Ⅰ部、第Ⅱ部と同じように「解説」を示していきます。

玲子さんから、れいちゃんへ

玲子さんの自己紹介

二〇一五年三月一四日一〇時半、春休みのため誰もいない研究室で、玲子さんとれいちゃんは初めて対面しました。緊張した面持ちで少し目を伏せながら、れいちゃんが玲子さんに挨拶をしました。そんな彼女を優しく包み込むような眼差しを向けながら、玲子さんは自己紹介をはじめました。

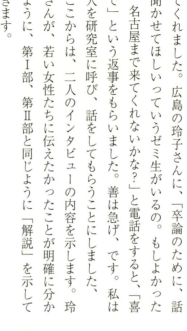

玲子さん　私とさやかさんは、中学三年のときのクラスメイトです。今、私は四三歳です。百貨店に二〇歳で入社をし、三五歳まで勤務をしました。婦人服と紳士服の販売職と、「数入れ」という商品を仕入れる仕事もしていました。

百貨店って、男性もいますけど、女性がすごく多い。私が入社した年の一九九二年っていうのは、「女性は結婚したら退職する」という雰囲気がありました。幸いにも、育児勤務など、ほかの業界がそこまで行き着いていないことを、私のいた会社は早くから導入していました。けれど、誰もが新しいシステムへの対処の仕方が分からないという状態でした。育児勤務する人たちをどんなふうに気遣って、仕事の割り振りを決めていったらいいのかとか、育児勤務をする本人はフル勤務者に対してどのくらい託していいのかということが、お互いの人間性とも絡んでちょっと複雑な部分がありました。実際、なかなかお互いの違う生活環境を認め合えないという非協力的な職場っていうのがたくさんあるんですよ、いまだに。

もし、務め続けていたら勤続二三年くらいになりますが、今でも当時の会社の人と交流しています。「やっぱり、育児勤務の人は理解できない」と言う人がいたり、他方で「フル勤務をしている人たちに対して、あえて口に出したりはしないが、やはり何かちょっと複雑な思いがある」っていう話をいまだに聞きます。やっぱり、お互いが経験していない生活や人生を認め合って協力していくっていうのは、歳を重ねてもそんなに簡単ではないんです。業界問わず、そこでぶつかっている職場が多いと思います。

　女性が社会進出するようになって、働きたいだけ働き、男性と同じようなところに立つポジションも与えてもらえて、キャッチフレーズ的に「女性のほうが元気」とか言われたりしています。でも、果たして女性は本当に強さと自由を手に入れたのかなって感じます。それは、どんな生活をしていても「共通している」と感じたりすることがあります。

　とはいえ、誰もがすべての女性の人生を経験できるわけじゃないので、どうしても経験したことのないことは、結局、経験した人ほどは分からないって言われてしまうと、そこでもう話は終わっちゃうんだけどね。


——自己紹介にあるとおり、玲子さんは働く女性への配慮を社内で実現した先駆的な会社に勤務していました。しかし、女性が働きやすいと考えられる勤務体系がつくられても、それを運用する人間たちによる微妙な感じ方の温度差はどうしても解消されなかったようです。そうした温度差が、立場の違う者同士の日常会話に現れる様子を、ゼミ生に説明してくれました。

　れいちゃんは、相変わらず緊張した表情のままです。しばらくして、話を聞く余裕が出てきたのでしょう。少しずつ、玲子さんの話に相槌を打ちはじめました。とはいえ、ペットボトルに入ったミルクコーヒーの蓋はまだ開いていません。

玲子さんは、少しだけ声のトーンを高めながら話を続けていきました。

玲子さん　ワーキングマザーとして育児勤務をしている人の生活にも大変な部分と幸せな部分があるように、フルで勤務する人にも負担がかかる部分と幸せな部分があるの。お互いの情況を経験することはできないけど、お互いの生活を尊重しあいましょうっていうことがすごく大事。でも、職場でも友達関係でも、これがなかなか難しい。ちょっとしたことで傷ついてしまったりとか、気遣いがあること自体で傷ついてしまうことがあるようにも感じますね。

出産して育児していても、不妊治療についてては社会的にカミングアウトしにくい状況があります。なぜ言わないのかは、「だって、言ったって分からないでしょ」と消化しちゃって言わない人もいるだろうし、治療をしていることが恥ずべきことだと感じている人もいます。治療して結果が出た人でも、医学の力を借りずにできてた人より、やっぱり自分は人間として……とかね。

社会進出をこれだけするようになった、女性が働くのが当たり前になった、妊娠・出産をしても働くのは当たり前になって、医学も進歩しているけど、なかなか心の面というか、治療に対して納得して終わらないで引きずって生きている人が多いという現実が、私は問題だと思うの。不妊治療自体を「してるんです」って、職場とかプライベートでもまだカラッと言える風

Column 5 不妊治療休暇・休職制度導入の動き

パナソニックやシャープなどの電気メーカーでは、不妊休暇・休職制度が2006年の春闘の統一目標として要求され、企業側に受け入れられて以来導入されている（詳細は**表6**、**表7**を参照）。

表6　電機連合加盟組合の不妊治療休暇制度

No.	期間・回数	賃金保障	男女ともに使用できるか
1	多目的特別休暇（年休とは別に目的を制限した休暇を付与）にて取得可能	有給	○
2	積立年休（年休繰り越し分を積み立て、目的を制限して利用できる休暇）にて取得可能	有給	○
3	年度ごとに24就業日を限度とし取得可能	有給	○

表7　不妊治療休職制度

No.	期間・回数	賃金保障	男女ともに使用できるか
1	通算1年	連続1か月未満の場合：60% 1か月連続の場合：無休	○
2	最長40か月	無給	○
3	通算1年以内、ただし1回の取得は1か月以上の期間とする	無給	○
4	勤続年数により異なる（15～38か月）	無給	○
5	3か月	無給	○
6	傷病休職として取得可能	傷病休職として取得可能	○

出典：『女も男も』2014年秋・冬号　第124号、71ページ。

一方、三重自治体県では病気休暇のなかに不妊治療も含められ、男女とも取得が可能で有給となっている（非正規職員にも一部適用）。また、熊本市では不妊治療休暇制度が設けられており、男女とも取得できるが無給となっている。これ以外には、2011年4月から、検査段階から取得できる不妊治療休暇制度が茨城県教職員組合に導入されている。

潮でないことはすごく感じています。

　れいちゃんらが社会に出て、メインとなって働く世代になったときに、そんな状況が進んでいるといいなーと思っています。(9)


——まず、玲子さんは自分が働いてきた環境や、女性が働く環境について、自身で体感してきたことを語ってくれました。育児休暇のみならず、不妊治療のための休暇などの社会的な仕組みについては、**コラム5**を参照してください。

　ここで「すごく大事だ」と玲子さん自身が強調していることは、「誰もがすべての女性の人生を経験できるわけじゃないので、どうしても経験したことのないことは結局経験した人ほどは分からないって言われてしまうと、そこでもう話は終わっちゃう」けれど、「そこはやはり、お互いの状況を経験することはできないけど、お互いの生活を尊重しあいましょう」ということだと思います。

(9)　不妊治療中の就労女性に対する周囲の無理解については、林谷啓美・鈴井江美子「不妊治療中の就労女性が経験する職場の理解と困難に関する研究」『母性衛生』第五二巻第四号、二〇一二年、四九四ページに詳しい。

れいちゃんから玲子さんへの質問①

自己紹介後、玲子さんはゼミ生のれいちゃんに、「聞きたいこととか、話を聞いて感じたことがあったら、遠慮なく言ってね」と優しく話しかけました。少し慌てたように、質問しようと準備してきた紙をれいちゃんは広げました。非常にまじめで几帳面なれいちゃんの性格どおり、ワープロで打ち込まれ、印刷された文字が紙越しに透けて見えました。手も、心なしか震えています。

「まぁ、二人の〝れいちゃん〟、ひと息入れなよ」と私が話しかけると、玲子さんはミルクティー、れいちゃんはミルクコーヒーを一口ごくりと飲みました。れいちゃんは意を決したように、玲子さんに質問をしはじめました。

れいちゃん　メンタルの面で、行っていた病院のカウンセリングがすごくよくてと仰っていましたけど、クリニックをいくつか行って、そこを選ぶ理由とか、基準っていうのはありますか？

玲子さん　女性によっては不妊外来だけじゃなくて、乳がんや普通の定期的な婦人科検診でも「女の先生がいいわ！」と言う人がいっぱいいる。でも私は、向こうも一人の人間であるから、どんなに腕がいいドクターでも、相性、話ができる人かどうかを選ぶ基準にしていました。高い治療費を払うので、腕がいいっていうのは、シビアだけど当たり前のこと。

自分のメンタルが落ちたときにどういうケアをしてもらえるのか。また、してもらうばかりじゃなくて、こちらも治療をすると選択した側としての自覚をもてるかというように、会話のシェアができるドクターと患者っていう関係が大事だと思います。

これから就職して、必ず上司と部下っていう関係になると思うけど、どれだけ話ができるか、人間性の部分のシェアもやっぱり外せないところだと思います。自分なりにストンと落ちるものがあると、安心して託せます。

私たち夫婦には体質的な問題はなかったので、「これまでにも同じような状況で子どもができたケースもあるんですよ。今、治療をお辞めになって、本当にいいんですか？」と医療スタッフにも気持ちが入ってくると、有意義なやり取りも出てきます。現役時代には仕事でいっぱい選択してきたつもりだったので、治療についての選択も同じです。一つ一つ、じゃあこの治療が今回終わったら、次はいつやるか、それとももうやらないのか。それとも、メンタルが疲れているから休むのかと、いろんなことを医療スタッフも提案してくれたの。

すると私も、「辞めたほうがいいんですか、もう五回もやっているし。さすがに気持ちも滅入ります。そこそこ強くなってきているつもりですが、やっぱり形にならないと凹むし、身近な人になかなか言えないし。いろんなことが積み重なっても、やる意味があるんですかね？」というようなことを先生に吐き出したことがいっぱいあった。先生は、人間の中身とか体質とかいろんなことを瞬時に判断して伝えないといけないから、とても大変だと思うけど……。

——患者だから、優秀な医師の指示に従ってさえすればよいという従属的な上下関係に甘んじることなく、自らが納得できるようなコミュニケーションをとれるかどうかの重要性について、玲子さんは説明をしています。れいちゃんは神妙な面持ちで、玲子さんの話に耳を傾けていました。コミュニケーションが話題になったので、私から玲子さんに尋ねてみることにしました。

嶋守　医療スタッフ以外の人たちの言葉で、傷ついたのはどんなことだった？

玲子さん　治療している者同士でも、「うわっー⁉」て感じてしまう言葉があります。「やっぱり子どもがいないと楽で、暇でいいよね」とかです。子育てをしている人は、自分の時間が全部子どもにとられるわけだよね。自由もきかないし、望んだことであったとしても、現実に経験するとこんなに大変なのかっていう感じでしょう。

さっきの話に戻るわけじゃないけど、どっちの状況になっても幸せと苦労がある。そこを分かっているかどうか。それはもう人間の感覚的なものだけど、悪気がなくてストレートに言ったことが、「暇でしょ、子どもがいないし、全部自分の時間じゃん」みたいなことになる。

――「悪気がなくストレートに」言ってしまう女同士の無神経さは、どんな年代にもあることです。れいちゃんは、「悪気がなくストレートに」という言葉に、「分かるー！」と声を高めて強く同意しました。「ん？　どうして？」と私が尋ねると、遠距離であるためにあまり彼氏と会えないことを、友人に「信じられない！」と言われたことについて話してくれました。

「その友達は毎日会わないとダメな子だけど、私は『毎日会って、何するの？』っていうタイプ。考え方の違いなんだけど、『信じられない』って言われちゃうと、地味に傷つく」と、学生らしくれいちゃんは言いました。れいちゃんの話に強く相槌を打ちながら、玲子さんは話を続けました。

玲子さん　そうそう、そうなの。無邪気に言っちゃうからこそ棘になることがあるよね。

不妊治療でも、治療についてカミングアウトしてないと、「子どもいなくて暇でしょ？」って言っちゃうその人たちは、些細な言葉にもこちらが傷ついているっていうことが分からないのね。明るく振る舞っていても悩んでいるかもしれないし、子どもがいる相手に気を遣って、言わないだけかもしれない。

でも、いろいろと考えられる人は、何かを伝えるにしても言葉遣いとか表現がちょっと違うかもしれない。たとえば、「時間に余裕がある生活ってどんな感じ？」と「暇でしょ？」というのは、同じ意味でもやはり違うと思うの。聞く側は、そのときの気持ち次第で平気なときもあれば、「それを今言うの？」と無神経さを疑ってしまうときもある。まあ、知らないから言うんだろうけどね。

子どもがいる人も、子どもがいない人たちへの接し方が分からなくて、気遣いできないこともある。普段の生活のメインのことに時間が取られていると、自分の日常や身近ではないことに入りづらいと思うの。でも、経験がなくても、知るっていうことが大事。想像しあいながら、お互いの生活をどこまで尊重できるのか、ということがすごく大事だと思う。

未婚か既婚か、子どもがいなくて働いているのか、専業主婦で子育て中なのか、ワーキングマザーなのかっていうことでも、女性同士でちょっと無意識に分断しているなって昔から感じています。それぞれの環境でつくられていく人格形成というのもある。もうちょっと違う者同士、協力しあっていくことが必要じゃないかなと思います。

今日のテーマである不妊治療なんかでも、お互いの生活を尊重しあえれば、「私、不妊治療をしていて」と言いやすい世の中になるのかな。普通に妊娠出産まで行けた人は不妊の経験がないから、分からないなりにも関心をもってもらうとか、少しでいいから知ってもらうとかしてお互いに協力しあえれば、苦労をしている人も、そうでない人も実感しあえると思うの。でないと、治療をしていることが職場にカミングアウトできなかったり、治療を終えて授かったということが言えなかったりという状況がなかなか変わっていかないな、と思いますね。

――玲子さんは、不妊治療における心理面での支援について話をしながら、「お互いの生活をどこまで尊重できるのかがすごく大事」と繰り返しています。そのために、玲子さんは「経験がなくても知ることが大事」だと言います。

確かに、人格形成というのはそれぞれの環境でつくられていくものですから、「違う者同士、協力しあっていくことが必要」となります。これは、不妊治療にかぎらず、ほかの面でも同じことが言えるでしょう。そのためにも、よい意味で興味をもち、調べてみたり、相手の状況に配慮しながら、尋ねられることは思いやりをもって尋ねていくという姿勢が重要となります。

れいちゃんから玲子さんへの質問②

玲子さんの話に「分かるー！」と高い声で同調できたおかげでしょうか、れいちゃんの表情から硬さがとれて、瞳が輝きはじめました。再度、質問用紙を見ながら、インタビューのための準備してきた質問をしました。

姿勢を正して、背筋をピンと保ちながら、玲子さんはて

笑顔が見えはじめたれいちゃん

いねいに質問に答えはじめました。

れいちゃん　友達の子どもを見たときとか、いいなって思うときとか、子どもほしいなって思うときはありますか？

玲子さん　そんなに長くはなかったけど、やっぱり、赤ちゃんを見るのが辛いなーって時期がありました。あと、友達が妊娠したっていう報告を、すごく複雑な感じで聞いていました。

今、話して分かる人たちには、ちょっとずつカミングアウトしているの。体外受精して二回私は妊娠したけど、両方とも流産しています。そんなことを話すと、大概の人は絶句しちゃうか泣いてしまうかな。「自分は子育ての愚痴とか、旦那が協力してくれないとかそういうことばっかり言っちゃって、ごめんね」という感じ。でも、私が言ってもいいかなって思う、普通に子育てをしている友達には、「二回流産したんだけど得たものもすごくあって、結局、宿ってはこなかったけど、自分の体が健康に守られた」とか言っているの。こういう経験がないと、あんまり考えることもなかったかな。まだ若いから、れいちゃんにはピンと来ないと思うけど、私たちくらいになると半分くらい人生が終わっていると思って日々を過ごしているから、こんなことが言えるのかな。

日常、その人なりにみんな生きていて、苦しみもあるだろうけどビービー泣きながら仕事をしていわけじゃないよね。悲しみとか衝撃的なショックがあっても、日常をちゃんとやっていかなきゃいけないことを学んでいる。治療をする前や若かったときには分からなかったけど、そういう日常の感覚を味わえたことも、不謹慎だけど、すごくよかったなと思っています。

れいちゃんから玲子さんへの質問③

玲子さんが口にした「カミングアウト」という言葉を聞いたれいちゃんは、うっすらと涙を浮かべていました。「実は……」と切り出したれいちゃんの目から、その涙が一粒落ちました。

れいちゃん　卒論で不妊治療をテーマにするよ、って母に言ったら、「実は、不妊の検査を受けたことがあるの」って、突然母が言ったんです。不妊検査後にすぐに妹を授かって、治療には至らなかったそうなのですが。幼かったし、何も知らなかった私は、母にずっと「妹が欲しい」とねだっていました。知らなかったとはいえ、プレッシャーをかけてきたんだなぁーって思っています。卒論で書くよって言わなければ、娘にも言わないことなんだと、今ようやく分かりました。

——れいちゃんの言葉をフォローするように、玲子さんが優しく言いました。

玲子さん　うん、言わないよ。娘であっても、言わないでおくことってあるの。でも、お母さまはれいちゃんの卒論のためになればと思って、仰ってくれたのかもしれない。本当に素敵なお母さまだね。話せるときがまたあったら、同じ女性の先輩として、お母さまからもっと話がうかがえるといいね。

――ひとしきり流れる涙をタオルハンカチで拭い、笑顔が戻りはじめると、れいちゃんはさらに質問を続けました。その質問にも、玲子さんはていねいに答えてくれました。

れいちゃん　働いているときに、「早く結婚して、子どもがいる暮らしをしよう」とは思わなかったのですか？

玲子さん　そうですね……働いている間に、実際にそれを考えられることが一番いいと思います。だけど、学生と社会人では生活の違いがあります。学生の間は、卒業というタイミングがあって、それまでに進路を決めてとか、レールに乗った形で準じていける部分があるけど、社会人になると同じ年齢でも個人差が出て、まったく違ってくる。仕事に対する評価が理由で葛藤や嫉妬もあるだろうし、仕事を認めてもらって、思いがけない仕事を任せてもらえるようになったときに結婚や子どものことを考えることもあるでしょう。そんなとき、「今、仕事の負担を軽くしてもいいですか？」とは言いづらい状況が多いと思いますね。じゃあ、プライベートはどうするんだ、となるんだけど……。こんな葛藤を繰り返してきたのかな。

でも、後悔はしていないんですよ。それは、強がりやプライドじゃなくて、早く結婚しなかったことで素晴らしい出会いもあったし、その人たちからの教えのおかげで得られた自分なりの価値観があるの。働いていたときも感じていたけど、あのときにあの人と出会ったから素晴らしい言葉が聞けたし、その人の生き方を思い出すことで、辛いときに立ち直るきっかけにもなったの。

私が入社した時代っていうのは、いい結婚相手を見つけることが就職の理由という人がいたのも事実です。彼女たちは、絶対に二〇代のうちに結婚して、子どもを産むと考えていました。私はそこまでリアルじゃなかったし、社会経験もそれなりにしたかった。いつか自分が人間として磨かれたときに誰かに選んでもらい、自分なりにふさわしいパートナーだと実感できる人を選んで一緒になるような結婚の形がいいなーと思っていたの。

しっかりとした表情で質問を続けるれいちゃん

——ここまで、れいちゃんがした質問は、なかなか尋ねる機会がないようなことだと思います。ここで注目したいのは、「私は今、話して分かる人たちにはちょっとずつカミングアウトしている」と玲子さんが答えていることです。それは、どんな質問を受けても答えられるタイミングとコンディションであったということです。「答えられるよ、語れるよ」と自己開示していたから、れいちゃんも安心して質問ができたわけです。

他人には踏み込まれたくない大事な心の部分に、土足で踏み込むことはもちろん失礼なことです。しかし、「踏み込んでいいよ」と言っているにもかかわらず、踏み込まないという失礼もあります。懸命に「知りたい」というれいちゃん、それに「応えたい」という玲子さんの姿勢には、お互いがコミュニケーションをとろうとする最大限の勇気と思いやりがありました。だからこそ玲子さんも、私たちの世代が大事にしたいと考えていること、「いつか自分が人間として磨かれたときに誰かに選んでもらい、自分なりにふさわしいパートナーだと実感できる人を選んで一緒になるような結婚の形がいいなー」という本音を、れいちゃんに伝えたのだと思います。

れいちゃんから玲子さんへの質問④

時計がもうすぐ正午を指そうとしていました。予定していたインタビュー時間はもうすぐ終わりです。ゆうに二時間は話し続けてきました。二人に少し休憩するように声をかけ、私は大学の近くのお気に入りのカフェに予約の電話を入れました。席も、まだ余裕があるとのことでした。私は嬉々として電話を切り、二人に「さて、再開しましょうか」と声をかけました。

れいちゃんの最後の質問です。

れいちゃん　女性でよかったと思うことは、どのようなことですか?

玲子さん　女性としてよかったこと。うーん、なるほどね。これもなんか難しい質問だね。いろいろな人に、「なんで子どもがほしいんですか?」とか「なんで、そこまでして子どもを産もうとしてるんですか?　子どもがいないと、どんなメリット・デメリットがあるんですか?」って聞いたことがあるんだけど、そんな私の問いに意外とみんな答えられないの。それは、考えていないからというわけではないと思うの。

今、巷の雑誌を見ると、「妊活」とか「卵活」とか「婚活」、そして「女としてキラキラ生きるには」というキャッチフレーズだらけですよね。「卵子は老化する」という言葉を見聞きすれば、「あなたは女性としてダメです」とされるような感じさえする。だから、急がないと……という強迫観念にも駆られてしまったりもする。

私自身は、女性・男性っていうことにあまりこだわっていないかな。同じ人間として分かりあえない部分もたくさんあるから。不妊治療という経験ができて、ほんの少しだけ、私なりにこの経験をする前と後で人の痛みや気持ちが分かるようになれたことはよかったかなと思っています。それは、女性としてというよりも「人」として、ね。

ドクターが言ってくれた言葉で私が一番ストンと入ったのは、「結果が形になればそれが一番望ましいんだけども、そのことに関して、夫婦でどれだけ向き合って話ができるかってことが大事」ということ。子どもができたらできたで、子どもに関して夫婦でいっぱい話し合わなきゃいけないことが出てくるよね。環境が変わったら、次のステージでも同じ。だから、結婚して子どもが普通にできればいいってわけじゃなくて、結婚して子どもができて、育てていくその生活の中身が大事なんだということですね。

不妊治療をしていると、どうしても妊娠することがゴールになってしまう人が多いの。出産っていうのは妊娠の終わりで、子育てのはじまり。でも、不妊治療って、どうしても妊娠がゴールになりがちなんですよね。仮に予定どおりいかないにしても、先を見越した話が夫婦でできるかどうかということが大事なんじゃないかと私は思っています。

私たちには子どもがいないから、治療をする以前にも社会問題や政治の話をよくしていたの。「どう思う？」とか「私はそうは思わない」とか、普通の夫婦よりは日頃から話をしているほうだと思う。もちろん、不妊治療についても話したよ。一緒に暮らして、いろいろな考え方を聞けたことで相手のことがより分かったと思っているの。今後、一緒に生きていくうえで、かけがえのないものが得られたと実感しています。

とはいえ、私の経験は単なる一例にすぎないし、そのことについては、はっきりと言えない人のほうが多いでしょうね。私は、カミングアウトすることで、少しでも若い人たちの知識になればいいと思っています。たとえ同世代でも、この人に伝えたら、その人の力になると判断できた人には話すけど、そうじゃない人には別の接し方ができればいいなーと思っています。

今、私は広島に住んでいるんだけど、戦後七〇年となり、戦争経験者が亡くなってきているよね。亡くなった人のことを、どうやって戦争を知らない世代に語り継いでいくのか、これがこの国の大きな問題になっていく。戦争は絶対にやってはいけないという雰囲気はあるんだけど、実際に広島とか長崎に原爆が落とされて被曝している人がまだ生きているとか、被曝によって抱えている症状があるということがどれくらい伝わっているのかなと思う。

その経験を、語り部として「戦争は絶対にいけないんだ」と語れる人と、あまりにも辛すぎて語れない人がいる。私は、カミングアウトできない人とか語れない人を否定するつもりはまったくないけど、カミングアウトできる人たちが少しでも行動していくことも大事だと思っているんです。もちろん、語れない人たちがどれだけ辛いのか、ということも含めて。

語ったからといって、明日から一気に何かがガラッと変わるわけではないけど、そういうことを地道に少しずつ続ける人たちが多くなれば、それだけ共感してもらえる人が増えていくと思う。リアルに経験した人からリアルな話が聞けたら、そのことに対する知識も変わるよね。それがゆえに、またその人と話してみようともなる。

数年経って社会に出たとき、れいちゃんの友達からこういう相談を受けたとき、経験してなくても、事例を聞いているか聞いていないかで言葉のかけ方がかなり違ってくるはず。れいちゃんには、身近じゃないことにもなるべく関心をもつようにして、ますます「いい女性」になってもらいたいと思います。

れいちゃんに優しく微笑んで、玲子さんは話を終えました。横で話を聞いていた私が今回改めて強く感じた言葉、それは「カミングアウト」です。バブルが崩壊したあとの日本では、経済だけでなく社会的な交流自体が停滞しているように感じます。

「話したところで分からないよね」とか「話したからどうなるの？」といった雰囲気が充満しており、また個人情報の保護という観点で、それぞれの人が置かれている状況について、「尋ねてはいけない」という暗黙の了解が常識的な配慮とされる時代になってきました。そして、直接、人々が面と向かって話さなくなった代わりにＳＮＳが発達し、匿名での「書き込み」と呼ばれる情報量が膨大に膨れ上がっています。

玲子さんがインタビューのなかでも述べていましたが、雑誌やインターネットなどで、「悩んだら、こうしなさい」とか「こうすれば素晴らしい人生になる」といったような人生のマニュアルやその答えのみが巷にあふれています。その内容の真偽を問うこともせず、書かれたことを真に受けて日々の生活を送っている気がします。まるで、書かれていることの意味や背景、文脈を無視しているかのようです。真意や背景、文脈を斟酌せずに言葉だけを交わす。そこに、思いやりをもつ必要がなかったというより、それだけの余裕がなかったのでしょう。それがゆえに、人間関係も殺伐としたものになったのか、とも思います。

ところが最近は、さまざまなジャンルの人たちが、携わっている事象の背景や意味を説明しはじめています。顕著な例が、スポーツ界や演劇・映画の世界でしょう。これまでは結果（タイムや興行成績）だけで判断されていたことが、裏側に潜んでいる「こだわり」や「真意」、そして「メッセージ」などを説明することで多くの人たちに訴えようとしています。話す人がいて、聴く側に素養さえあれば、その世界の「真実」や「凄さ」がこれまで以上に分かるのです。「聴く」ことによって得られる教養は計り知れないのです。

こんなことを、今回のインタビューから感じました。みなさんも、ちょっと意識して、周りの声に耳を傾けてください。

5　未来のタマゴたちへの手紙

玲子さんへのインタビューをまとめたゼミ生のれいちゃんは、無事に卒業論文を提出することができました。その後、大学では「卒業を祝う会」というお別れ会の準備に入ります。卒業を祝う会は、保育学部が開学されて以来の伝統的行事で、略して「そついわ」と呼ばれています。ゼミごとに考えて練習した演目を、ステージに上がって、一日かけて発表しあうというものです。本当に愛すべき行事なので、私は毎年の成果をＤＶＤにして保存しています。

れいちゃんは、ゼミ生みんなで発案したマジックと踊りを練習するために、卒業前の春休みに研究室に来ていました。実は私は、玲子さんから送られてきたれいちゃんへの手紙を預かっていたのです。「れいなさんと一緒に、しまちゃん（私）も読んで欲しいの」と、玲子さんに何度も言われていたことをれいちゃんに話しました。「いいですよ、一緒に読みましょう」と答えてくれたれいちゃんとともに、美しい文字でしたためられた玲子さんの手紙を読みました。

DVDにした「未来のタマゴ」の表紙

ご無沙汰しています。れいなさんが一生懸命書き上げた卒業論文を、何回も熟読させてもらいました。素晴らしい内容でとても感銘を受けました。ありがとうございます。

私は今現在四四歳ですが、れいなさんが私くらいの年代に入ったときに、「人は人、自分は自分」「親しい間柄でも、互いに違う人生を尊重し合う」ことの大切さが、本当の意味で理解出来ていたらいいな、と思います。

どんな人生を選んだとしても、一〇〇パーセント、すべて思いどおりに幸せになる人生などあり得ません。どの人生にも幸せや喜びや感動もあれば、苦労や不運や辛抱もあるのです。社会へ出て、さまざまな人との出逢いや経験、仕事を通して、ぜひこういったこともれいなさんには理解していただきたいなと思っています。

「人より恵まれていること＝幸せ」「思いどおりに手に入ったり、物事が進むのが幸せ」と感じている人たちが世の中にはたくさんいるように感じますが、自分なりに正しく「幸せ」を感じたりするためには、一見ネガティブに聞こえがちだけど、「悲しみや苦労」も経験してないと、何が自分にとっての「幸せ」なのかが理解できないと思います。

人生のプロデューサーは自分自身です。さまざまな経験をとおして、自分なりのポリシーをもち、冷静に未来を想像して進むべき道を選んでいくことが大切です。社会人になっても、時々、この言葉を思い出してくれることがあれば嬉しく思います。

春からはいよいよ社会人として、保育士として新たにスタートされるとのことですが、子どもたちだけにとっての保育者というだけでなく、保育者同士もチームワークで職場を盛り立てて、また、れいなさんが職場へ来たことで、子どもたちも、先輩保育士の方々も、また新しくともに成長していける、そういった存在になれたらステキですね。れいなさんなら絶対になれる！　と思っています。

れいなさんがステキな保育士さんになれますように、ますます素敵で聡明な女性に成長していきますように、ご活躍を心より応援しております。

お逢いできたことに感謝☺

二〇一六年一月

玲子

玲子さんの手紙を読むれいちゃん

「どう思った？」という私の言葉に、れいちゃんは「ふふふふ」と笑って返してくれました。「また、ＬＩＮＥで考えたことをせんせいに伝えてもいいですか？」

そう答えたれいちゃんに、「そうだ、私と一緒にこの手紙を読んだよという証拠に、れいちゃんがこの手紙を読んでいる写真を撮っとこうか？　玲子さんに見せるから」と言うと、れいちゃんはまた「ふふふふ」と笑って、手紙を持った写真を撮らせてくれました。

6　平和は与えられるものではなくて、つくるもの

れいちゃんが帰ったあと、なぜ玲子さんは、手紙を私にも一緒に読んでほしいと言ったのかと、一人で考えていました。「人は人、自分は自分」とか「親しい間柄でも、互いに違う人生を尊重し合う」ことの大切さが、「本当の意味で理解出来ていたらいいな」と思います、って書いてあったけれど、その「本当の意味」って、どういうことなんだろう？

そもそも、久々に会った玲子さんは、なぜこんなにも自分の不妊治療について語ってくれたんだろうか。じっくり、玲子さんとのやり取りを思い返して気付いたのは、私が玲子さんに、「普通になりたい」と言って泣いたことがきっかけでした。

「普通である」ということ――女性として生きるうえで私は、「結婚して子どもを育てること」、

もし、それが叶わないのなら、せめて「結婚をすること」だと考えていました。この本に出てくる三人の女性は結婚しており、家族がいます。なんと幸せそうで、なんと羨ましいことだろう、と私は考えていたのです。私も「普通に」幸せになりたい。四〇歳も半分過ぎようというのに、どうして私と三人はこんなにも違うのだろうか？　そう考えて口にしたのが、「幸せなんだね。私は普通になりたいよ」という精いっぱいの強がりでした。

でも、そう言葉にしたあとの私はずっと泣いていました。泣いている私に玲子さんが言ったことは、「すべての人の人生を体験することはできない。どんな人生にだって、良いことも悪いこともある」ということでした。それはつまり、「禍福はあざなえる縄のごとし」ということなのでしょう。「禍福はあざなえる縄のごとし」という言葉は、黒柳徹子さんの『トットひとり』という本で見つけた言葉です。

「幸せと災いはね、かわりばんこに来るの。幸せの縄と不幸の縄とが縒ってできているのが人生なのよ」

これは、向田邦子さんの言葉だそうです。この言葉を聞いた黒柳さんは、向田さんに次のように尋ねたそうです。

「でも、幸せの縄二本で編んである人生はないの？」

この言葉に向田邦子さんは、言下に「ないの」と答えたそうです。

「生まれた時に不幸を背負わない人はいないのよ。背負ったものをどうするかよ」

そして、「悲しくて泣けるくらい、幸せなことはないのよ。泣けない辛さはあるんだよ」と、向田さんは言ったそうです。(10)

この本で取り上げた廣田さん、ゆか子さん、玲子さんにしても、「泣けない辛さ」もあったのです。その語りを聞いても、実感に直結することがないくらいの……。でも、その三人だからこそこう言うのです。「大事なことは、一人の人として生きること」、「生き続けていくこと」、「語りを聴くことで、それを知らなかった自分よりも、自分の目の前にいる相手を大事にできるようになって」と。それは、「女性としてではなく、一人の人として」と。

玲子さんはゼミ生のれいちゃんに、広島での被爆体験を語り続ける語り部さんからリアルな話を直接聞いた、と話していました。それは、玲子さん夫婦にインタビューをした翌日、私とともに原爆ドームを訪れたときのことです。

被爆体験を語ってくださった語り部さんは、たくさんの写真と自作のポルトガル語の解説が書かれたプリントを、ピンク色のクリアケースに入れていました。サイクリングが趣味だというその方は、とても鮮やかなウェアに身を包み、真っ黒に日焼けしており、一見すると何歳なのかが

(10) 黒柳徹子『トットひとり』新潮社、二〇一五年、六三〜六四ページ、七三ページ。

分からないほど若々しい出で立ちでした。

なぜこの方は、こんなに若々しくて、かぎりなく眩しいんだろう？　被爆体験を暗く語らないのはなぜ？　私はその方に、「なぜ、そんなに幸せそうなんですか？」と尋ねずにはいられませんでした。私の問いに、その方は何と答えたと思いますか。私と玲子さんは本当に驚きすぎて、それまで残酷な経験を聞いて泣いていたことも忘れ、「えー!!」と大きな声を上げてしまいました。それは、ちょうど、原爆が広島に投下された時間に、標的となった建物のすぐ近くを案内していただいていたときでした。

原爆ドーム

「今日、誕生日なんですよ。帰ったら、ポルトガル人の可愛い奥さんに誕生日のお祝いをしてもらうんです。語り部のボランティアをしていて彼女と知りあい、去年、僕たちは結婚したんです。

原爆が投下された日、私は母親のお腹の中にいました。だから僕は、実際にはその日の広島は見ていません。けれど、僕の伯父や伯母がこのすぐ近くに住んでいたから、その日を目撃しています。だから、伯父や伯母のほうが現実の広島のあの日を知っている。でも、語り部のボランティアはできないという。思い出すのが辛くて……だから僕がこうして広島を語っているんです。僕は、今、本当に幸せです。今日はとくに、僕のお誕生日だからね」

語り部さんにポルトガル語の解説を見せてもらいながら、「これ全部、一人で翻訳されたんですか？　結構な量ですけれど……」と言うと、その方は美しい人生を心から誇らしく思っていらっしゃるかのように、こう答えました。

「ええ。愛があれば、言葉の壁なんて簡単に越えられちゃいますよ」

まさに、リア充《じゅう》の鏡！　私と玲子さんは、その方に心から、案内してくれたことへのお礼と「お誕生日おめでとうございます」という言葉を伝えました。

「ありがとうございました。お元気で。そして、ずっとお幸せに。長生きしてね！」

私たちの言葉を背に、語り部さんは原爆ドームのほうに戻っていきました。その後、その方をお見かけすることはありませんでした。そこには、ただ原爆ドームがひっそりと佇んでいました。

語り部さんとの時間を思い返して、私は強く思いました。まず、語り伝えることがこれからの平和をつくり上げるためには、とても大事であるということ。そして、平和を守りたい。平和を守らなければならないと人に思わせるには、語る本人がまず平和な環境にいなければ、と。

人にはみな、語れない、語りきれない哀しみや辛さがあります。でも、それと同時に、日本に暮らす私たちには平和な現在があります。その平和が永久に続くために。今、目の前にいる人が、立ち直れないほどの絶望や深い悲しみに突き落とされることがないように。かつては苦労した人が、今は幸せに笑う姿を誰にも奪わせず、そしてどんどん幸せをつくっていけるように。

私たちが語ることができるのならば、語りたい。聴くことができるのなら、耳を傾けていたい。そして、幸せな関係をつくれるのなら、幸せになるためにどうしたらいいのかを真剣に考え続けていくしかありません。まだ、「私自身もお目にかかってはいない」最高に素晴らしいことが待っています。どんな生き方をするにしても、生きやすいということはないのですから。

いつまでも２人寄り添って

まずは、男だから女だから、あるいはそれを超えて生きていきたいという自分を受け入れてみましょう。そして、女性の幸せが何かを考えるよりも先に、人として、人を大事にできるだけの思いやりをもてるように、精いっぱい努めていきましょう。

その大切さが、この本に登場した三人の「女性の語り部」が語る物語から見えてきました。三人の「人としての語り」が読者のみなさんに思いやりを伝えてくれますように！　そう祈りながら、この本を終わりたいと思います。長かったけれど、読んでくれてありがとう！　みなさんにお話できたことを心から感謝します。では、またね。優しい思いやりをありがとう！

おわりに

最後まで読んでくださって、ありがとうございました。ここで、この本のタイトルである『Sheという生き方』について、私たちが込めた意図を説明したいと思います。「She」とは、人称代名詞の主格だと英語の授業で習いましたよね。主格の「主」とは「主語」の「主」、ですから、「女性が主体的に、自分の人生を選択する幸せを考える」ことがこの本のテーマとなっています。一言でそれをまとめると、「自分と愛と幸せ」を考えるということです。

共編著者の嶋守さんは、女子大学の先生という仕事柄か、この本を書くにあたって結婚目前の卒業生さんからこう言われたそうです。

「幸せになるための『手引書』が欲しいんです。先生の本なら絶対読みます」

「幸せの手引書」とはよく言ったものです。しかし、いざそれを書くとなると、いったい何を書けば「幸せの手引書」になるのかが皆目分からないと、私たちは随分悩みました。そして、考えに考え抜いた嶋守さんが、「確かに、それはそうだな」と納得した言葉を見つけました。その言葉は、下村恵美子さんの著書『九八歳の妊娠　宅老所よりあい物語』（雲母書房、二〇〇一年）に書かれていたものです。その言葉を、少し長くなりますが引用しておきます。

実際に読むと、〝愛〟という言葉が思い浮かぶんです。愛というものをどういうふうにとらえているかによって違うけど、ぼくは愛の中の、すごく知的な部分というのが思い浮かびます。愛というと、普通は自然発生的な〝情〟だというふうに思うじゃないですか。でも、それは確かに必要なんだけど、そういう自然発生的なものだけじゃなくて、やっぱり持続していこうとする意志とか、人間関係をどういうふうにしていったらいいんだろうという知性の部分というのも、ぼくはすごく大事だと思うんです。

ぼくは以前、「愛」という題名の詩を書いたことがあって、その詩の中で、誰も言っていないことを言ったと思うのは、「愛というのは、繰り返し繰り返し考えることだ」という一行があるんです。で、この下村さんの本を読むと、本当にそういうことを感じるのね。

家族の中の愛というのは、どうしても人情の方にとらえられていて、もっと深めて言うと、意識下の世界に支配されていて、なかなか知的なものが働かない愛だという気がするんです。だけど、他人だからこそ持てる、〝非人情の愛〟というのがあると思う。そして、その非人情の愛というのは、ものすごく知的なものを含んでいるという気がしますね。だから、情熱とか執着よりも、むしろもっと普遍的な知性なんですね。（前掲書、二四六～二四七ページ）

谷川さんの言葉を読んで、私たちが示してきた「自分と愛と幸せ」についての考え方において重要となる三点があると、私たちは思い至りました。

❶愛は自然発生的なものではなく、やっぱり持続していこうとする意志とか、人間関係をどういうふうにしていったらいいんだろうという知性。

❷愛というのは、繰り返し繰り返し考えること。

❸家族の中の愛というのは、どうしても人情、もっと深めて言うと、意識下の世界に支配されていて、なかなか知的なものが働かない愛である。だけど、他人だからこそ持てる、〝非人情の愛〟というものがあるんだということ。

「自分らしく、愛に満ち満ちて、幸せに生きたい」と願うのは、女性だけではありません。そう、誰もが願うことなのです。この『Sheという生き方』が、みなさんの「幸せに、愛に満ち満ちて、自分らしく生きる」ための手引書になってくれるならば、言いたいことはただ一つだけです。

幸せに、愛に満ち満ちて、自分らしく生きるためには、考えましょうよ。「今、ここ」にいる自分を、「今、ここ」から続く、自分に与えられた生き方の選択肢が何であるのかをしっかり考え抜いて見極めましょう、ということです。

「自分のきほん」については、この『Sheという生き方』を一緒に書こうと言い出した私、廣田貴子が自分史という形で示しました。お受験、留学、キャリア、本文中の華やかさだけを見れば、目が眩む人もいるかもしれません。けれど、この本を一緒に書いた嶋守さんは、私の原稿を読むたびに、「貴子は本当に頑張ってきたね。こんなに頑張ってきたから、こんなに素敵な人になったんだね」と言ってくれます。

「女性として生きる」とは何なのかと考えはじめた幼いときから、もがいて、あがいて、自分らしい生き方を追求したからこそ、今の廣田貴子という主体、つまり「She」があると思っています。「自分のきほん」を考えるにあたって、私のライフ・ストーリーを読者のみなさんに体感してもらい、参考になっていただければとても嬉しいです。

第Ⅱ部に掲載した「ゆか子さんの子育て記」は、人との出会いや個性の大切さ、そしてそれらにしっかりと向きあって、大切に育んでいくことの重要性を語っています。かつて私の母が、「子どもは、生まれたときから一個人なのよ」と教えてくれたことを思い出させてくれました。以前飼っていたダルメシアンのコビィは、両耳が聞こえない子として生まれました（わんこと人と一緒にするなんて！　と言われるかもしれませんが、私にしたら大切な子どもなのでお許しを）。

コビィのことをアメリカのマムに話していたとき、「タカコ、コビィは静か〜な世界に住んでいるのよ。耳が聞こえないのも彼女の個性なのよ」と言われました。せっかく名前を付けたのに、

「コビィは名前すら聞こえないんだ！」と言って悲しんでいた私を救ってくれた言葉でした。だから、母とマムの言葉のように、ゆか子さんのお話は「普通である」ことに疑問をもたせてくれるし、迷うことなくその疑問を言葉に出して、自分の思う角度から前向きに考えることの大切さと強さを丁寧に分かりやすく示してくれました。

また、第Ⅲ部の「玲子さんの不妊治療記」では、文中に「女性としてっていうよりも、人として」という言葉が出てきました。私たちがこの本をつくるにあたり、女性は「性」と向き合うことに無意識に支配されているのか、でもその前に、一人の「生」であり一個人なんだ、ということを伝えたいと考えてきました。

最近、女性誌『FRaU』（二〇一六年三月号）に、「産まない人生」について語る女優の山口智子さんの記事が掲載されていましたが、「子どもを産まない人生」についての考え方は徐々に拡がりをみせています。産む人・産まない人・産みたい人・産みたくない人。子どもを産む・産まない、という点だけで、人間性や生き方まで判断されたくはありません。私たち女性は、子どもを産める機能をもっている「人」なんだから。

「自分らしく、愛に満ち満ちて、幸せに生きたい」という思い、そこにボーダーはありません。嶋守さんの広島での語り部の方との出会いにもありましたが、その気持ちは、性別も年齢も人種の違いも超えています。だからこそ、自分をしっかりともつこと、大切な友達や家族との関係を一緒に構築していくこと、そして、ゆか子さんや玲子さんのお話を聞くことで私たちがポジティブな気持ちになれたように、いつか私たち自身が周りの人たちを幸せにしていけるくらい、まずは自分が幸せになれたら素敵なんじゃないかなと思います。幸せは、ほかの人をも幸せにするからね！　だから、とても大事なことなのです。

最後に、この本を書くにあたってお世話になった方々にお礼の言葉を伝えたいと思います。膨大な量のテープ起こしを手伝ってくれた桜花学園大学の嶋守ゼミのみなさんや、本の完成まで応援し続けてくれた石山英明先生、そして『孤独死の看取り』を読んで嶋守さんの大ファンになったというまりなちゃんとみさちゃん、イマドキの女の子の気持ちを教えてくれた大阪府立市岡高校の森明美先生に桃ちゃん、仕事仲間に私事仲間の女子およびメンズのみなさん、何よりも、貴重なお話を聞かせてくださったゆか子さんと玲子さん、本当に感謝しています。ありがとうございました。

そんな私たちの作品を現代社会の日常として描いてくれたイラストレーターの乳井徳子さん、撮影にご協力いただいた国立の「伊藤屋」さん、「壺中天地　ル・クリマ」の矢吹ご夫妻、本当にありがとうございました。「貴子には、貴子がやりたいことだけして欲しい」と言って、いつも私を支えてくれている夫にも心から感謝です。

そして、何よりも何年ぶりかの再会を果たした渋谷で、この企画を話したときに、「面白そうだね。やろう!」と言ってくれたさやかちゃん、私の拙い文章を何度も丁寧に添削してくれました。あのとき、さやかちゃんと再会しなければ、今の私はありません。さらに、この本ができあがるためにご尽力をいただいた株式会社新評論の武市一幸さんに感謝します。

執筆に行き詰まるたびにたくさん慰め、私たちを励ましてくださったみなさん、すべての方々のお名前をここに示すことができず大変申し訳ありませんが、みなさんとの出会いが何よりも素晴らしい宝物となりました。みなさま、本当にありがとうございました。

最後に、私たちを産んでくれた私たちの母と家族に心から感謝を述べたいです。嶋守さんとも話しています。続編として、いつかお互いの母のために、『母はスーパープロデューサー』を上梓したい、と。

心から、女性万歳、母万歳! 本当に、いつもありがとう!

廣田　貴子

二〇一六年　初秋

共編著者紹介

嶋守さやか（しまもり・さやか）
桜花学園大学保育学部准教授。
1971年、川崎市生まれ。
金城学院大学大学院文学研究科社会学専攻博士後期課程修了、社会学博士。著書に、『孤独死の看取り』『せいしんしょうがいしゃの皆サマの、ステキすぎる毎日』（新評論）、『社会の実存と存在――汝を傷つけた槍だけが汝の傷を癒す』（共著、世界思想社）他がある。

廣田貴子（ひろた・たかこ）
1971年、横浜市生まれ。
米オレゴン大学社会学部卒業。(University of Oregon, Sociology, Bachelor of Science)
同大学卒業後、ニューヨークにて就職しコーディネーター、役員秘書として就労。帰国後は、マーケティングアシスタント、役員秘書、テレビ局、政府機関、フリーの通訳／翻訳／コーディネーター、広告代理店勤務等、幅広い業界業務で経験を経て、現在個人事業主として独立。

Sheという生き方　（検印廃止）

2016年10月31日　初版第1刷発行

共編著者　嶋守さやか
　　　　　廣田貴子

発行者　武市一幸

発行所　株式会社 新評論

〒169-0051　東京都新宿区西早稲田3-16-28
電話　03(3202)7391
振替・00160-1-113487

落丁・乱丁はお取り替えします。
定価はカバーに表示してあります。
http://www.shinhyoron.co.jp

印刷　フォレスト
製本　中永製本
装幀　乳井徳子

ISBN978-4-7948-1051-9

好 評 既 刊

ジャン=クロード・コフマン／保坂幸博+マリーフランス・デルモン訳

料理をするとはどういうことか

愛と危機

食卓空間とそれが形成する家庭／家族の実体を社会学的に分析し、人間性の深奥に迫る。

［四六上製　416頁　3200円　ISBN4-7948-0703-1］

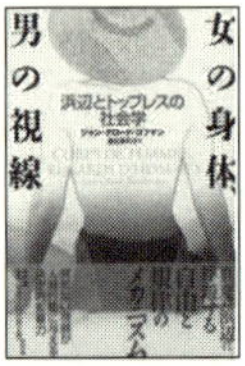

ジャン=クロード・コフマン／藤田真利子訳

女の身体、男の視線

浜辺とトップレスの社会学

真夏の浜辺で展開される「個人の自由」と「規律」のメカニズムを鮮やかに析出。

［四六上製　352頁　2800円　ISBN4-7948-0491-1］

ベルナール・スティグレール／ガブリエル・メランベルジェ+メランベルジェ眞紀訳

愛するということ

「自分」を、そして「われわれ」を

「生の実感」を求めてやまない現代人。その表現としての消費活動、非政治化、暴力、犯罪によって崩壊するものとは!!

［四六上製　184頁　2000円　ISBN978-4-7948-0743-4］

ジャン=リュック・ナンシー／メランベルジェ眞紀訳

恋愛について

永遠の愛ってありうると思いますか

「愛するってどういうこと？」子どもたちの真剣な問いに、現代を代表する哲学者が真摯に向き合う。

［四六並製　112頁　1400円　ISBN978-4-7948-0801-1］

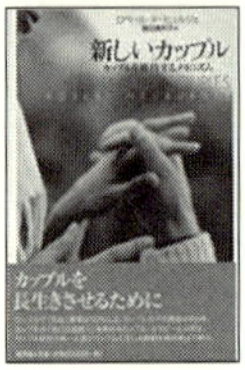

ロベール・ヌービュルジェ／藤田真利子訳

新しいカップル

カップルを維持するメカニズム

カップル研究の第一人者がカップルに生じる問題を精神療法で解決。

［四六上製　216頁　2000円　ISBN4-7948-0564-0］

＊表示価格はすべて税抜本体価格です

嶋守さやか　好評既刊

脱力★ファンタスティポ系　社会学シリーズ①

しょうがいしゃの皆サマの、ステキすぎる毎日

ドクターファンタスティポ★嶋守さやか

精神保健福祉士(PSW)の仕事をつぶさに、いきいきと描く ★障害をもつ人々の日常を見つめる「福祉士」の仕事を覗いてみませんか！

[四六並製　２４８頁　２０００円
ISBN978-4-7948-0708-3]

脱力★ファンタスティポ系　社会学シリーズ②

孤独死の看取り

ドクターファンタスティポ★嶋守さやか

孤独死、その看取りまでの生活を支える人たちをインタビュー。
山谷、釜ヶ崎…そこに暮らす人々のありのまま姿と支援の現状を紹介。

[四六並製　２３０頁　２０００円
ISBN978-4-7948-1003-8]

＊表示価格はすべて税抜本体価格です